乙方攻略

中小微B2B类型企业管理实务

付杉 王苦舟 张宏昊 青亚程 / 编著

清華大学出版社
北 京

内 容 简 介

为了帮助广大中小微B2B类型企业经营者提高自身经营与管理的能力，本书列举和分析了从草创企业到成熟企业管理中的各种重点难点问题，包括创业择址、合伙人选择、股权分配、业务拓展、客户关系维系、人力资源管理、薪酬体系设计、制度设计与实施等方面。

图书在版编目(CIP)数据

乙方攻略：中小微B2B类型企业管理实务 / 付杉等编著. — 北京：清华大学出版社，2017
ISBN 978-7-302-48432-5

Ⅰ. ①乙… Ⅱ. ①付… Ⅲ. ①中小企业—电子商务—企业管理 Ⅳ. ①F276.3

中国版本图书馆 CIP 数据核字(2017)第 220459 号

责任编辑：张立红
封面设计：邱晓俐
版式设计：方加青
责任校对：周冠楠
责任印制：刘海龙

出版发行：清华大学出版社
网　　址：http://www.tup.com.cn，http://www.wqbook.com
地　　址：北京清华大学学研大厦 A 座　　邮　　编：100084
社 总 机：010-62770175　　邮　　购：010-62786544
投稿与读者服务：010-62776969，c-service@tup.tsinghua.edu.cn
质 量 反 馈：010-62772015，zhiliang@tup.tsinghua.edu.cn
印 装 者：三河市君旺印务有限公司
经　　销：全国新华书店
开　　本：170mm×240mm　　印　　张：17.5　　字　　数：251 千字
版　　次：2017 年 12 月第 1 版　　印　　次：2017 年 12 月第 1 次印刷
定　　价：55.00 元

产品编号：076764-01

前言

B2B类型企业在市场经济中起着极为重要的作用，广泛地存在于装备采购、技术服务、商务服务、创意服务等诸多领域。随着我国产业的提档升级，纯服务型的B2B类型企业不断增多。纯服务型的B2B类型企业因创业门槛低，以小微企业、初创型企业为市场的“基本面”，而且此部分企业以智力服务为主要产品，客户量远远小于B2C类型企业，因此面临着极为严峻的管理考验，“快生快死”几乎已经成为本类型企业的基本特征。

简而言之，本类型的企业不仅缺乏可资管理的“资源”，而且是最难管理的企业类型。本类型企业虽然数量众多，但由于“基本面”规模小、影响小，很少受管理学界的关注，目前的许多管理学著作对此类企业缺乏实务指导性。本书旨在为此类企业提供可资参考的经验和方法论。

本书的写作内容，源于笔者对管理学理论在中小微B2B类型企业中的应用和观察。如今，管理学作为一门“显学”，受到企业界的广泛重视。然而，管理学的话语权却常常被大型企业、学界所掌握，这就带来一个问题：现有的许多管理学理论，并不一定适合中小微B2B类型企业。

中小微B2B类型企业有其特殊性：第一，规模小，但需要管理的事务很多；第二，以商务服务为主要的盈利模式，在经营上对客户有巨大的依赖性。这两个特殊性，决定了常见的管理理论在此类型企业中不一定适用。

现有的管理学图书，多从管理大中型企业着眼，基于较为完备的部门设置、人员分工和较为充裕的资金情况来进行写作。但在大众创业的今天，中小企业和小微企业数量迎来新一轮的增长潮，在此情况下许多管理者发现了经典管理学应用的难点：管理层级过于扁平、员工数量较少导致无法妥善分工，资金流不允许开展有实效的团队建设，对单个员工依赖性较强导致无法推行淘汰机制……这些都是中小企业和小微企业创业者所面临的管理之痛。

此外，作为客户依附性极强的B2B类型企业，主要生产力来源是具体的人，主要的客户来源更是具体的人，“人”是最大的经营要素，也是最不稳定的要素。因此，本类型企业所面临的管理问题更为明显。

为此，笔者写作此书来分享自己多年经营企业的一些经验，以及长期以来对于该领域企业的观察所得出的一些结论。

目录

序篇 什么才是“用得上”的管理学

第1章 创业市场的考察与选择

第2章 合伙人与员工选择技巧

第3章 商脉与“脉商”（客户开拓与客户管理）

第4章 有效制度的设计与实施

第5章 企业经营管理实务技巧

第6章 本书小结

序篇

什么才是“用得上”的管理学

0.1　三条定义摘引——本书讨论的是什么类型的企业

本书旨在为中小微B2B类型企业管理实务提供观点和参考。那么，中小微B2B类型企业究竟是怎样的企业，拥有怎样的特征，对此类别企业的专门研究有何意义？我们首先通过三个概念的定义来了解本书所探讨的经营主体。

0.1.1　定义摘引：中小企业

中小企业（Small and Medium-Sized Enterprises），又称中小型企业或中小企，与所处行业的大企业相比，它是在人员规模、资产规模与经营规模上都比较小的经济单位。此类企业通常可由单个人或少数人提供资金组成，其雇用人数与营业额皆不大，因此在经营上多半是由业主直接管理，受外界干涉较少。

中小企业是实施“大众创业，万众创新”的重要载体，在增加就业、促进经济增长、科技创新与社会和谐稳定等方面具有不可替代的作用，对国民经济和社会发展具有重要的战略意义。

0.1.2　定义摘引：小微企业

小微企业是我国在税收上对企业的定义，主要包括三个标准：一是资产总额，工业企业不超过3000万元，其他企业不超过1000万元；二是从业人数，工业企业不超过100人，其他企业不超过80人；三是税收指标，年度应纳税所得额不超过30万元。

0.1.3　本书中的定义：B2B

B2B（Business-to-Business）是指企业与企业之间开展交易活动，从而获得盈利的商业模式。在本书中，B2B的商业模式是指甲乙双方均为企业，乙方通过对甲方开展技术服务、产品服务等手段获取利润的商业模式；而B2B类型企业，更多指的是以商务服务为主要经营模式的企业。

综合以上定义，本书探讨的是在企业规模上属于中小型或小微型、以商务服务为主要盈利手段的企业。

0.2　中小微B2B类型企业管理难点何在

那么，中小微B2B类型企业在经营管理上又有哪些管理难点？

0.2.1　创业门槛较低，面临的市场竞争普遍激烈

商务服务类企业与生产类企业相比较，无疑有更低的创业门槛，然而更低的创业门槛往往也意味着会有更多创业者涌入此市场，市场竞争更为激烈。

0.2.2　资金储备一般较少，抗风险能力弱

由于B2B类型企业的创业门槛较低，因此此领域所吸引的创业者一般不具有较多的启动资金和储备资金，这往往会导致此类企业资金链过短、资金压力大、抗风险能力弱。

0.2.3 管理实力有限，组织架构简单

管理实力有限并非等同于管理能力有限，而是指此类企业人员规模小、资金储备少，其人员配置和管理精力在支撑全面的、深度的管理方面有一定难度。与此对应的，该类型企业也有组织架构简单的特征。

0.2.4 客户依赖性强，企业主是客户拓展的重要力量

由于该类型企业的盈利模式基本通过乙方对客户企业进行服务来获取利润，因此对于客户（尤其是大客户）的依赖性极强。商业资源最丰富、社会地位最高的企业主一般是这类企业客户拓展的重要方向。

0.3 管理本类型企业的思路

由于本类型企业在管理上有其特殊性和难度，因此大中型企业的管理办法并不一定适合本类型企业的管理实操。在本类型企业的管理上，本书在管理中小微B2B类型企业方面的思路主要包括以下几方面。

0.3.1 以生存能力为主线索，实行量体裁衣式的管理

本类型企业由于抗风险能力较弱，一旦经营和管理失当，非常容易造成企业资金链断裂、业务量骤降、团队停摆等严重后果。因此在此类型企业的管理上，本书强调对风险的掌控，包括创业的地域风险、合伙人风险、客户风险、资金风险、团队风险等，以期能够提升企业的生存能力。

同时，企业应当根据自身情况进行管理优化。管理优化本身是一个长期的、没有终点的事务，任何企业都有需要优化的管理事项。但对于中小

微B2B类型企业而言，由于其管理的优化需要投入大量的时间成本、人力成本和资金成本，因此需要立足自身的实际情况，抓住需要优化的重点，基于目前企业的实力有选择性地进行定向优化，而非机械地制订不加区别、缺乏重点的管理优化计划。

0.3.2 以目标建设团队，以考核促进发展

缺乏长期的发展目标，在具体经营中只重视利润，不重视经营行为的战略指导，是该类型企业容易出现的问题。

首先，目标机制的建立有利于团队形成组织并使团队成员保持团结，它是组织力的重要来源，也能够前瞻性地指明企业的发展方向。

其次，目标机制的建立能够帮助团队在经营管理中形成行为标准，使团队能够在统一思想的引领下自行解决各种问题，从而降低企业的管理压力。

最后，目标机制的形成能够为企业团队的考核和评估提供标准，在有明确目标的情况下，企业可向各个岗位确定明确的目标责任，并对各个岗位实现有效的观察和评估。

此外，由于此类型企业本身规模有限，因此全面有效的KPI考核能够较为快速地推动团队发展。本书倡导长期目标与短期KPI结合的机制，使KPI的考核更具有激励性和即时性。

0.3.3 注重有效劳动的薪酬机制，可发展的股红权责分配办法

由于本类型企业主要以从事各类型的商务服务为盈利手段，且员工劳动在企业经营中是极为重要的经营要素，因此本类型企业应当对员工劳动实施更为细致的管理。简而言之，就是将员工的劳动时间与劳动结果分离看待，将无效劳动与有效劳动分离看待，将“功劳”“苦劳”“疲劳”分

离看待，以此设计更有针对性的薪酬机制。

同时，管理也是本类型企业重要的经营要素，作为参与管理的股权人，其股权构成、红利分配、权利享有、责任承担有可能随着经营的实际情况发生变化。

因此，本书倡导无论是对待团队还是对待股权人，均实施以“按劳分配”“按贡献分配”的、可以在发展过程中浮动和调整的分配机制，以实现组织机制的长效化。

0.3.4 纳入企业各层级的制度化管理

企业主在中小微企业中一般拥有绝对的权力，但在制度建设中，绝对的权力往往对制度建设造成妨害。其根源在于：企业主通常不希望自己受到制度的约束，但是却希望其他员工能够受到制度的约束。

这样的思路往往增加了企业主的工作量，同时降低了团队的工作效率。在本书中，笔者明确提出了自己的观点：无论企业主或员工、骨干员工或一般员工、新员工或老员工，都需要在同一套制度体系下开展工作，否则极容易造成团队内部管理以及团队之间的矛盾。

0.3.5 系统化的客户及业务拓展、维系工作

中小微B2B类型企业的业务多来源于具有一定商业价值的人际关系。而习惯于通过人际关系承揽各项业务的企业主往往不能够将拓展与维系客户及业务的工作系统化、流程化，这可能导致企业长期处于业务量增长的瓶颈期，同时也使拓展业务的压力集中于企业主身上，不能实现团队的工作分担。本书倡导中小微B2B类型企业，采用系统化的客户及业务的拓展与维系的工作模式，从而使业务的引入工作可以实现有目标、有标准地推动。

0.4 管理本类型企业所需的务实观点

作为企业的经营者，除了要承担具体的经营管理事务外，还将负责企业的目标规划、经营策略制定等工作，这就需要企业经营者拥有匹配企业类型和发展现状的“价值观”，从而避免在各项规划中脱离实际。对此，本书认为中小微B2B类型企业经营管理的务实观点应当包括以下几方面。

0.4.1 管理一定有其缺陷

企业经营者需要了解的是：管理是辩证的、存在两面性的，此方面的完美往往意味着彼方面的缺陷。

例如，成本控制和服务质量，两者往往只能通过管理达到相对平衡，而无法通过管理使两者都做到极致。原因很简单：如成本控制极为优秀，在花费极少人力、物力的情况下，企业几乎不可能实现超出业界水准的服务。同样，决策效率和风险控制、团队公平和团队效率等众多关系也是如此，它们通过管理实现平衡，而不能通过管理实现兼顾两者的优化。

因此，立足自身企业情况，厘清企业需要何种优势，可以接受何种缺陷，从而选择适合企业的管理办法，才是真正实际可行的管理实务操作。“管理的全面优化”在管理实操中是绝对的伪命题。

0.4.2 管理问题的解决需要成本

管理本身是需要成本的，管理者的时间成本、事务管理所需员工的薪酬开支、管理的机会成本等内容，共同构成了管理成本。除此之外，管理问题的解决还有隐性成本，此方面问题的解决，有可能带来彼方面问题的出现，彼方面问题的解决所带来的成本，即管理问题解决的隐形成本。

企业几乎无时无刻不充斥着亟待解决的各种管理问题，然而，管理问题的存在是一定的、不可避免的，但企业的管理成本是有限的、需要控制的。因此，企业经营者需要评估问题的严重性以决策是否需要解决，同时在评估问题的过程中了解其解决成本，以控制问题解决的费效比（投入费用和产生效益的比值）。

0.4.3 无力推动、无法实施的管理理念对企业没有价值

经营管理的理念和办法固然有多种学习渠道，但企业经营者需要了解的是，所习得的管理理念和办法如不能在自己的企业付诸实施，那么这样的理念和办法对企业是毫无意义的。各个企业之间存在着巨大的差异，其差异性决定了唯有适合企业“土壤”的管理形式才能具有生命力。

0.4.4 管理者需要对自己保持坦诚

的确，在管理中有无数在理论上需要完善、需要解决的问题。但作为管理者，必须对自己保持坦诚，必须基于企业自身的能力去决定哪些问题是必须立即解决的、哪些问题是可以从长计议的、哪些问题是根本解决不了的，从而在经营中扬长避短。

然而很可惜的是，许多初创企业的企业主，看清了业界形势，看清了市场方向，看清了管理方法，却看不清自己和自己的企业，盲目地认为：别人能做到，我也能做到；既然有问题，我们就要解决掉。

从表面上看，这两种观念极富“正能量”，然而，其实这两种看似简单的观点，根本不能实现，知其不可而为之，只会给企业和企业主带来不可预想的恶劣后果。其原因就在于企业主往往被自己的雄心壮志和业界的成功事件迷昏了头脑，不能足够客观地正视自身的实力，同时把管理问题的解决，想象得过于简单，不能正视管理是一个极为复杂的矛盾构成，也

不能正视管理是一个过犹不及的辩证构成。

0.5　管理实践的基础：性格、能力、资本

因此，我们必须将这两个问题弄清楚：什么才是管理实践的基础和我们应该从哪几个方面来判断经营管理的决策是否能够顺利推进？

0.5.1　性格因素

从理论上来说，管理者应当是完全没有性格的人物，管理岗位的角色需要如何的性格，管理者就必须在扮演角色的过程中表现出所需的性格。然而，在经营中许多企业主会发现，在推动一件不符合自己性格但却很“正确”的事情时，推动过程常常非常艰难。对成年人而言，性格的不足之处往往很难弥补，因此作为企业主，正视自己的性格和团队的性格就显得非常重要。许多看似合理的决定，如果缺乏能够推动决定的企业性格或是个人性格，那么决定往往只能停留在纸面上而不能获得任何实际效果。

0.5.2　能力因素

高估自身能力是企业主最容易犯的错误之一，没有足够能力的团队一旦启动超出自身能力的决策或项目，不啻于企业的噩梦。事实上，能够运用较少资源和较少人力成本经营的小微企业主并非天才，在项目中投入大量人力并高薪聘请顶尖职业经理人的成功企业主并非傻瓜。如果企业主不能对自身的能力进行合理的评估，那么管理决策的有效性就毫无保障。

0.5.3 资本因素

此处所指的资本包括业务资本（即企业的客户关系、异业资源、销售网络等）和资金。企业不能制订脱离自身业务资本的业务计划，也不能脱离资金情况来进行经营管理、项目管理和人力资源管理。

任何的管理决策，应当基于对以上三点的有效评估：我们的团队性格是否适合推动此事，我们的团队能力是否可以推动此事，我们的业务资本和资金是否足够推动此事？

以上，都是企业主在经营管理决策过程中需要谨慎考虑的问题。

第1章

创业市场的考察与选择

B2B类型企业多为商务服务型或创意服务型的企业，目前大批接受高等教育的创业者涌入市场，许多新创小微企业“默默地生，默默地死”，毫无经营实效可言。创业，是一个谋定后动的过程，创业的“先天基因”和“出生地”业务范畴及市场选择是极为重要的。那么，如何才能选择好“出生地”和“先天基因”呢？

1.1 商业可能——B2B类型企业选择市场应参考的核心指标

1.1.1 实例故事：返乡创业，淮北为枳

上海某大型系统集成公司的经理李蒙，工作能力出色，极受领导重视。然而一线城市的高房价让他决定回乡创业，李蒙相信凭借自己对于物流行业的了解，一定能够在家乡占据一席之地。

然而，返乡后的李蒙却发现事实并非自己想得那么简单。李蒙的家乡是某西部省会城市，经济发展情况还不错。可是李蒙的公司建立后却迟迟没有客户咨询和订单，李蒙开始搜集当地大型企业的资料，他发现许多大型企业在这里也有相当可观的布局，他相信这些企业一定有系统集成方面的需求。于是他开始了自己的拜访工作，然而却屡屡碰壁。

在经历一个多月的挫折后，李蒙终于发现，这些大型企业和自己在上海接触的大型企业似乎完全不同。同样一家企业，在上海总部和地方区域营销中心的职能有很大的区别，企业在省会城市的营销中心通常没有决定当地生产管理系统集成服务的权限。

一二线城市创业成本高，三四线城市往往缺乏相对应的业务支撑。那么，对于创业者而言应当如何选择自己的创业“基地”呢？

1.1.2 B2B类型企业创业择址的基础分析

事实上，作为B2B类型企业，甲乙方形式的合作是最为常见的合作关系。因此，B2B类型企业的创业过程实际上就是一个选择和服务甲方的过

程。因此对甲方市场的理解，将是企业选择创业基地所在的关键。

经济学家赵弘曾提出总部经济理论，其理论肯定了企业总部对于经济的促进作用。作为受益于涓滴效应的B2B类型中小微服务企业，总部经济的规模大小直接决定了这一类企业的生存空间。用形象一些的方式来表述，那就是渔翁临大江则能钓大鱼，临小溪则罕有收获。与总部经济相适应的专业化服务支撑体系覆盖金融、保险、会展、商贸、航运、物流、旅游、法律、教育培训、中介咨询、公关、媒体、电子信息网络等诸多领域，基本覆盖了B2B类型企业的大部分业务门类。因此围绕总部经济进行创业，无疑能够为创业企业提供更多的商业机会和更大的商业便利。

就中国现阶段的企业经济而言，企业经济总部的分布情况是显而易见的。企业总部在一线城市北、上、广、深形成了高密度的聚合，而在区域中心如杭州、武汉、成都等二线城市也有相当规模的分布，在兰州、贵阳等三线城市，企业总部数量就明显减少，但还拥有一些地域性品牌的企业总部。至于各普通地级市及县级市，等而下之，不问可知。

也可根据B2B类型企业的角度将它们的企业总部分为三六九等。其中主要影响到创业区域选择的，是该区域总部经济所产生的购买力和决策力是否能够支撑B2B类型企业的生存。

跨国企业的全球总部自然是B2B类型企业梦寐以求的合作对象，国内巨型企业的全国总部当然也是业务富矿，跨国企业的中国总部通常有海量的采购及服务需求，然而在决策权限上较全球总部次之。巨型企业的区域总部和大型区域性企业的总部在服务购买力上往往难分伯仲，但是大型区域性企业的总部在决策权力上有一定优势。

案例中，李蒙所面临的是对区域总部的决策力评估出现偏差的问题，因此李蒙的创业从一开始就注定失败。

1.1.3　市场选择所需考虑的要素

当我们面临一个B2B类型市场时，我们可以通过以下关键数据来判断

该区域是否有足够的总部经济存量来支撑创业区域的选择。

1. 地区GDP总量

中国统计GDP的最主要方法为产出法，简单说来就是：

GDP=第一产业产出+第二产业产出+第三产业产出

需要注意的是，在我国的GDP实际统计过程中，默认产业的总支出为产业产出。也就是说，地区GDP总量是反映地区产业购买力的重要指标之一。

2. 规模以上企业数量

规模以上企业数量是地方经济行为是否活跃的重要参考标准。就B2B类型企业而言，规模以上企业越多，则可选择的客户数量越多。

3. 总部型企业及特大型企业地方营销中心数量

B2B类型企业所需的客户采购力需要达到一定规模才能够支撑其生存，因此是否具有大宗采购行为的高发企业是B2B类型企业必然需要考虑的要素。

以上三个关键数据，对于地区B2B类型企业经济的规模评估，从经济总量、中小客户总量和大型客户总量三个方面能够提供有效的判断，有重要的指导意义。

1.1.4 城市分析是B2B类型企业创业的重大参考

B2B类型企业的经营战略，一般有极为明显的地缘特色。B2B类型企业的经营者往往基于对当地情况进行的观察分析，来寻求商业机会和商业资源，从而实现企业的创立和发展。因此，在创业肇始阶段，对创业所在城市的分析显得尤其重要。一般来说，我们从政治地位、区域规划、交通地位、经济地位和人口总量几个方面来对城市进行初步的分析工作。

1. 城市的政治地位

国家战略在很大程度上决定了一个城市当下及未来的地位。而对城市最为重要的战略，是行政级别的制定。我国城市大致可以分为直辖市、副省级城市、地级市、县级市或县几个级别。不同的城市行政级别，决定了城市在发展中拥有的财政能力和独立的计划能力，级别越高，城市发展拥有的政治资源和财政资源越多，发展速度自然相对而言也就越快。除此之外，当前国家正在大力推进城市群建设和新区建设，在各省份，各种高新区、开发区、自贸区往往也具备较高的行政级别和极为丰富的发展资源。

2. 城市的区域规划

所谓区域规划，即国家在此城市制定了何种规划，以何种产业为主要的发展载体。作为企业经营者，可以参照当地的五年计划纲要，明确区域发展的重点产业以及其规划情况，以把握区域发展的大体方向。

3. 城市的交通地位

城市在所处区域的交通地位不仅决定了城市的商贸活力，一定程度上还将带动人才的聚集。在B2B领域中，许多行业是与当地的交通运输能力息息相关的。交通能力较强的城市，能够有更为丰富的供应产品选择、更低的物流成本、更强的周边地区辐射能力，对创业企业的发展能够起到一定的支撑作用。

4. 城市的经济地位

城市在所处区域的金融、贸易活跃水平以及其经济总量，决定了城市在所处区域的经济地位，而城市的经济地位对创业的促进作用自然毋庸多言。

5. 城市的人口总量

人口总量较大的城市，由于其人才聚集程度高、市场大，更能受到大型企业和机构的青睐，这也为以商业服务为主要盈利方式的B2B类型企业提供了更大的平台和更多的商业机遇。

1.1.5 不同B2B类型行业的地缘需求

各个B2B类型行业对于城市的发展有不同的需求，把握所在行业的地缘需求，能够有效地帮助创业者决策创业选址问题。B2B类型领域主要行业的发展地缘需求列举如表1.1所示。

表1.1 B2B类型行业的地缘需求

行业	发展所需的地缘特征
商贸	需要当地具有较强的运输能力，并拥有较为有力的第一、二产业产品或市场
系统集成、软件开发	需要当地具有较为集中的信息产业人才资源，需要当地拥有众多的大中型企业
设备租赁、设备销售	需要当地具有较为发达的相关产业
广告、传媒	需要当地拥有较为集中的企业区域总部
演艺、公关、经纪	需要当地拥有较为发达的电视及网络传媒资源，较为便捷的交通条件，以及较为发达的B2C产业聚合
会展	需要当地拥有大型会展中心，较为丰富的城市展会活动，以及众多需要借助展会进行营销的行业聚合
咨询、营销	需要当地拥有众多大型企业
公装、工程	需要当地有较为发达的地产行业，或者当地政府有较大规模的土建计划
物流	需要当地拥有较为发达的交通资源，以及活跃的商贸环境
销售代理	需要当地拥有较为广阔的相关市场
法律、会计、专利代理、贷款中介	需要当地拥有较为活跃的商贸环境，且新注册企业数量持续稳定
拓展、会务、商务旅游	需要当地拥有较多大型企业或机构，且当地拥有较为丰富的酒店、旅游等行业资源
摄影摄像、视频音频制作	需要当地拥有较多企业及机构，且具有一定的宣传需求
人力资源外包	当地拥有较为发达的服务业和工业企业聚合，且劳动密集型行业众多

1.1.6 创业择址要点总结

有关创业的择址，我们强调了以下几个问题。

- 创业选址需要考虑创业项目与区域的发展情况是否匹配；
- 创业选址需要考虑当地目标客户办事机构的普遍权限；
- 细致的城市分析有助于创业选址；
- 不同的B2B类型行业有对城市发展的不同需求。

1.2　创业所需人力资源的地缘因素

1.2.1　历史故事：职业军人让蒙古人横穿欧亚

蒙古人在人类战争史上可谓令人难以忽视的存在，农业和手工业技术落后的蒙古人如何横穿亚欧，打败众多有更为发达文明的国家，表面看来是一个令人费解的问题。对此，历史学家给出的结论是：极为落后的生产力注定了蒙古族部落长期以来以战争掠夺为主要的生存方式，使其对先进的军事装备更感兴趣，因此是长期的战争使其成为当时世界上最好的职业军人。

根据历史学家的结论，长期从事农耕和手工业的南宋自然不是蒙古骑兵的对手，曾经势如虎狼的金朝在蒙古铁蹄面前也不堪一击，甚至以从事畜牧业为主的花剌子模也不可能面对以抢掠战争为生存手段的蒙古人。

创业者可以从这段史料中借鉴的是，当团队初建时，如何寻找到更多、更好的职业军人。而非如南宋一般，坐拥巨大财富和人口，能够找到众多的职业农民、职业手工业者，却没法找到能够抗衡蒙古人的精锐战士。

1.2.2　初创市场的选择决定了人才招聘难易度

人才招聘在初创企业中是一个代表性的问题，许多初创企业在业务的快速发展期倒下，就是因为膨胀的业务体量无法获得足够的人才支撑。其根源，往往在于企业只重视市场的选择和行业的选择，而不重视所选择的市场和行业能否提供相对应的人才。

例如，就信息技术行业而言，大批的信息技术人才集中在北、上、广、深等一线城市，杭州等互联网产业发达的城市也有大量人才的分布。但是在西部地区，想要寻觅优秀的信息技术人才则相对较难，更多是通过短期培训课程的非科班出身人员。在西部地级、县级地区，即使有充分的业务量支撑，也很难建立起一支成体系的信息技术人才队伍。

同时，除了专业对口的人才外，城市的职业风气也是需要经营者考虑的重要因素。事实上，经济总量较低、生活节奏较慢的城市将会给经营者带来更多的隐性成本。生活节奏较慢必然给当地从业者带来更低的工作效率、更小的生活压力，使得员工不愿承受过于繁重的工作，这些都是经营者需要考虑到的问题。

因此，在人才招募方面，经营者需要考虑的问题包括以下几个方面。

1. 经营者从事的行业在当地是否有相当数量的人才储备

例如，影视制作行业在二三线城市一般不难找到所需的拍摄、剪辑人才，然而专业从事动画制作的影视公司却很难在非一线城市找到足够的对口人才。因此，经营者根据自己的业务需求选择合适的创业地址是非常必要的。

2. 当地是否有和经营行业对口的相关高校

对于启动资金较少的初创型企业而言，高校所提供的较低价格的劳动力常常是经营者需要借助的人力资源，也是企业未来发展过程中新员工的重要来源，因此劳动密集型或技术密集型企业有必要设立于相关技术的高等教育较为发达的地区。

3. 当地的职场风气是否和经营需求相匹配

经营者需要厘清的是，自己所在的行业劳动强度究竟如何，当地的职场风气究竟如何。举例而言，常常需要加班的咨询行业往往需要当地从业者有较强的职业精神和抗压能力，较为休闲的城市往往不适合开设此类企业。而从事商贸、设备供应的相关企业，此方面要求则相对较低。

1.2.3　业务来源与人才来源的取舍

对于创业者来说，创业选址的第一要素首先是业务来源，其次才是当地是否能够招募到合适的员工。因此，创业者需要试算，如当地并没有充足的人才资源，那么企业是否可以负担人才资源不足所需付出的额外成本？这里指的额外成本分为以下两种。

1. 由于人才资源不足企业所需付出的管理成本

由于当地人才资源并不充足，企业在不能招募到合适员工的情况下，往往不能够保证项目的正常运营，从而造成企业损失。

然而，人才资源的匮乏往往也意味着当地属于“蓝海”市场，竞争小，客户对服务的要求也往往不高。在此情况下，“有服务”的价值就远远大于“服务好”的价值，项目运营的风险也相对较低。那么，创业者的人才资源劣势是可以通过市场的容忍度得到一定弥补的。

2. 由于人才资源不足企业所需付出的人力资源溢价

在当地对相关行业人才缺乏足够吸引力的情况下，当地招募的相关行业人才可能表现出远远高于当地收入水平的溢价。

综合以上两个因素，创业者需要综合评估预期的业务来源是否能够平衡人才资源不足的问题。

1.2.4　当地人力资源不足问题的解决办法

当企业选址选择了不利于人才招聘的城市时，可选择提升劳动报酬和扩展招聘渠道的办法解决人力资源的问题。在万不得已的情况下，也可考

虑通过人力资源外包的方式解决问题。

1. 提升劳动报酬

劳动报酬的提升是解决人力资源不足问题最为有效的办法。常见的提升人才劳动报酬的方式有：底薪的提升、提成比例的提升、股权的分配等。具体的劳动报酬提升方式，需要根据企业对人才的需求级别、需求迫切程度来决定。需要注意的是，在对核心人才的股权分配方法上应当审慎。

此外，劳动报酬的提升应当以当地收入水平作为参考，而非以其他城市的收入水平作为参考。一则，人力资源匮乏的城市，其劳动回报一般低于人力资源丰富的城市；二则，早期对员工定薪过高，极可能影响企业的后续发展。

2. 扩展招聘渠道

招聘渠道的扩展也能够为企业提供更多的招聘机会和招聘选择，目前常见的招聘渠道包括以下几种。

（1）通过网络进行招聘工作

网络招聘是目前最为主流的招聘办法，需要注意的是，网络招聘也同样分为多种类型，可以满足不同企业的招聘需要。一般而言，招聘网站分为专业人才招聘网站、中高端人才招聘网站、普通人才招聘网站、同城招聘网站等不同的类型，企业可以根据自已的实际需求选择相关的招聘平台。

企业在招聘网站的开支也根据网站类型的不同有所区别，普通人才招聘网站通常以采用年费会员充值制度为主，企业在购买会员后可获得一定数量的招聘发布机会和简历查阅机会。同城招聘网站通常以招聘信息发布费用为主要的支出方式。尤其需要注意的是，中高端人才招聘网站除了需要企业支付会员费用外，还需要支付相当于数月招聘薪资的猎头佣金给招聘平台。

（2）通过校园招聘进行招聘工作

校园招聘是各大高校和招聘平台举办的，针对大学应届毕业生的企事业单位招聘活动。校园招聘的优势在于，企业能够比较轻松地找到具有对口专业基本技能的劳动力，招聘支出和人才薪资也不高；而其缺点在于，大学应届毕业生的工作经验、技能熟练度都有所不足，更有可能缺乏良好的工作习惯，需要企业付出较多精力和成本进行培养。

校园招聘的支出，一般分两种情况：一种是由招聘平台组织的线下校招活动，主要支出是校园招聘的展位费用；一种是由学校组织的校园招聘会，可能存在少量展位费用或直接不收取招聘单位费用。

（3）通过人脉资源进行招聘工作

创业者往往在其创业领域有一定的工作资历，因此通过自身积累的职业人脉来招募创业的初期团队，也是许多创业者常用的初期团队组织办法。

然而，通过人脉资源进行招聘工作也有其弊端：由此方式招募而来的员工，对股权或期权的要求普遍更多，同时由于员工与创业者之间本身存在人情关系，可能不利于企业发展过程中管理工作的开展。

3. 人力资源外包

人力资源外包指的是企业通过人力资源外包公司解决企业的人才招聘问题。其优点在于能够快速、大量地招募到具有一定专业技能的人才，其缺点在于人力资源外包公司很少或不会提供管理方面的人才。

另外，通过人力资源外包公司招募的人才，其劳动关系属于人力资源外包公司，而非创业者的企业。这虽然在一定程度上让企业规避了一些劳务方面的法律风险，但也有可能因和人力资源外包公司合作不畅导致人力资源的不稳定。

1.2.5　人才与创业择址关系要点总结

有关人才与创业择址的关系，我们强调了以下几个问题。

- 创业者需要考虑创业所在地是否易于招募企业所需的员工；
- 良好的业务来源以及市场的未成熟是否能够掩盖一部分团队员工

招募乏力的问题；

- 在业务来源和人才来源的取舍之间，优先选择业务来源；
- 人才来源的匮乏可通过投入更多的管理精力和资金成本来解决；
- 可通过提升劳动报酬、扩展招聘渠道和人力资源外包的办法解决人力资源匮乏的问题。

1.3 竞争环境的审视与选择

1.3.1 实例故事：意料之外的激烈竞争

张萌在某地级市某网络公司开展网站开发业务，多年的工作让他积累了较为丰富的经验。张萌观察到，网站开发业务在当地有较大的市场空间，由此，张萌推断该业务在省会城市必然有更大的市场。于是张萌与朋友合伙在该省省会城市创办了一个网络公司，专门开展网站建设方面的业务。

一段时间的运营后，张萌发现，虽然省会城市有更为广阔的市场和众多的机会，但公司运营的情况远远没有达到预期。客户动辄要求投标和比稿，每一个投标现场少则五六个竞争对手，多则能够达到数十个竞争对手，张萌不得不聘请更多的专业售前工程师应对激烈的竞争，然而即便如此也收效甚微。

张萌感叹道，在地级市开展业务就好比身处自由宽松的雅典，而在省会城市开展业务就好比身处残酷杀伐的斯巴达！省会城市众多的机会是张萌所期许的，然而激烈的市场竞争却是张萌未能预想到的。

张萌所犯的错误在于，他简单地将市场的繁荣程度等同于企业经营的发展空间，而忽略了市场竞争所带来的经营难度。在经营过程中，对于竞争激烈程度的判断，很大程度上将会决定企业在行业或区域市场中生存发展的空间。

1.3.2　四种常见竞争形式的分析

除了要判断当地市场竞争是否激烈外，作为一名成熟的经营者，还需要判断竞争激烈在什么地方和哪种类型的竞争是目前市场上的主要形式。大致而言，竞争的主要形式包括以下几种。

1. 资金竞争

在B2B类型企业服务过程中，资金竞争也是服务竞争的重要构成部分。首先是企业为甲方提供的结算方式是否能够提供更大的竞争力，其次是企业本身的资金实力是否能够支持更好的团队服务，这些都是在经营过程中要面对的非常切实的问题。

2. 人脉竞争

人脉竞争是B2B类型企业最为重要的竞争内容，在有限的市场环境中，B2B类型企业能够发展起来，往往依靠的是对客户人脉的拓展。

3. 技术竞争

技术竞争从本质上来说是“人无我有，人有我优”的服务竞争。通过技术降低经营成本、扩大经营收益是企业技术竞争的核心，对于高新技术服务型企业而言，技术是决定其竞争力的关键所在。

4. 团队竞争

团队竞争是团队的专业能力与服务能力的竞争。

与大多数B2B类型企业经营者认知不同的是，一般情况下在B2B领域的四种竞争形式中，最关键的是资金竞争。无论是人脉关系还是团队建设，无论是技术储备还是服务品质，都有赖于良好的资金状况作为支撑，尤其在竞争激烈的服务业“红海”领域，充裕的资金可以带来对客户吸引力更高的结算方式。

1.3.3 对竞争环境的基础评估

那么，我们可以通过哪些方面对竞争环境进行基础的评估和判断?

1. 资金竞争观察

与人脉竞争、技术竞争、团队竞争相比，资金竞争是最容易观测的竞争形式，也是竞争激烈程度的重要指标。在市场竞争未达到白热化时，企业出于抱有更多利润空间的考虑，通常较少通过资金竞争的形式开展竞争。因此，当观察到市场上通过垫付资金、延长付款周期等手段开展竞争时，说明当地的市场已经进入竞争白热化的状态。

2. 企业数量观察

除资金竞争之外，同行业的企业数量也是重要的观察指标。同类型B2B类型企业涌入某一区域市场，一方面体现出当地市场竞争较为激烈，另一方面也体现出当地应有相当的综合采购规模。因此，同类型企业数量可以同时反映出“市场好”和“竞争大”这两种情况，但是其观察价值要低于对资金竞争的观察价值。

3. 技术释放观察

技术的更新速度同样是重要的观察指标。在竞争较小的市场区域，企业往往会主动控制新技术的释放速度，而在竞争较大的市场区域，企业会更积极地吸收和释放新的技术以保证其竞争力。因此，当某区域市场的同类型企业频繁地释放新技术，则说明该地区的竞争已经比较激烈。

通过这三个指标，基本可以判断市场竞争的饱和程度。但是，还需要注意当地是否已经出现“二八效应”，即大多数项目被少数龙头企业垄断，而其他业务被剩余的大多数企业瓜分。在未形成“二八效应”的市场，对于初创企业而言无疑具有更大的市场空间；而在已经形成“二八效应”的市场，初创企业的业务拓展难度自然也就大大提升了。

1.3.4　市场竞争评估带来的其他信息

对竞争环境的判断，同样也可以为企业经营的其他方面提供非常重要的参考信息。

1. 利润空间和款项支付

通常而言，市场竞争程度越高，则企业利润空间越小，行业约定俗成的款项支付形式越对甲方企业有利；市场竞争程度越低，企业利润空间越大，行业约定俗成的款项支付形式越对乙方企业有利。

2. 人力资源状况

一般而论，区域市场竞争越激烈，人才的专业水准和价格也就相对较高，人力资源也相对富集。在竞争不激烈的区域市场，由于人才的择业选择有限，行业竞争水平有限，人才专业水准、价格、富集程度也就相对较低。

3. 市场规范水平

竞争充分的市场，在商务合规、采购流程、招标流程等对甲方有利的方面往往规范程度较高，在付款约定等对乙方有利的方面则规范程度相对较低。竞争不充分的市场则难以简单评定其规范水平。

1.3.5　市场竞争评估总结

有关市场竞争评估，本节主要强调了以下几个问题。

- 创业者需要审视创业所面临的竞争环境；
- 资金、人脉、技术、团队的竞争是B2B领域主要的竞争形式；
- 从资金竞争情况能够较为迅速地判断当地的竞争激烈程度；
- 可通过同行业企业数量观察当地市场是否饱和；

● 通过技术的更新速度也可以判断竞争的激烈程度。

1.4 创业企业经营范畴的选择

1.4.1 实例故事：是做万能公司，还是做专业化公司

何平开办广告公司已经有几年时间了，已经建立起较为稳固的客户关系，业务也一直在稳步发展中。经营过程中，何平发现虽然自己的团队越来越庞大，但是利润率却一直处于波动状态。在细致地对公司业务进行审视后，何平发现客户的要求多种多样是导致公司出现目前状况的核心原因。在稳定的业务关系下，客户将广告发布、广告设计、线下活动、网络推广、影视广告等多种广告业务都交给了何平的公司负责，因此何平不得不设置众多部门以满足客户要求。

何平还发现自己的经营规模并不比专注于某一领域的专业公司大，本地较好的几家影视公司，任何一家的年营业额都远远超过自己的公司。因此何平认为公司专业化是公司发展的重要手段，但专业化不仅意味着需要强力的人才支撑，更需要大量的对口业务。更令何平感到难以处理的是，现有的客户都已经习惯了何平现在的“万能公司”，一旦专业化，意味着需要放弃许多现有机会。苦恼的何平不无感慨地说：“是做一个发散微光的凹透镜，还是做一个聚集强光的凸透镜，这真是一个艰难的抉择。”

B2B类型企业往往在经营范畴方面有较大的选择空间，面对的甲方需求往往也比较多元化，因此在经营过程中，B2B类型企业往往面临着经营范畴的抉择问题。在实例故事中，何平面临的问题是非常普遍的问题：做网站开发的公司需不需要兼营网络媒体代理？定制软件开发商需不需要考虑补充开发微信游戏的团队？影视公司需不需要集成演员经纪团队？这些问题既有特殊性，也有规律性，其关键在于企业主的经营范畴选

择是满足更多客户的某一种需求，还是满足现有客户的更多需求?

1.4.2　两种经营范围的选择

事实上，经营范围选择问题的根源和企业的客户来源有关，即企业是寻求大面积但不深入的客户合作，还是寻求若干非常深入的客户合作。缩小经营范畴以实现专业化，必然导致单个客户营业额的下降，需要更多客户以满足经营需求，而客户关系的深入本身也是需要成本的，那就需要扩大经营范畴，以摊平客户的开发成本。

因此，此问题的解决思路也比较明确，包括以下几个问题。

- 设有客户拓展团队、以陌生客户开拓为主要客户发展方式的企业，应以控制经营范畴来实现专业化为主要的经营思路，这样既降低了客户拓展团队的培训成本，也易于形成鲜明的业界口碑，用来支撑后续业务的发展；
- 以企业主为主要业务来源、以深度挖掘合作客户为主要客户发展方式的企业，应扩大经营范畴以满足客户的多元化需求，并通过对其各种需求的满足进一步深化合作关系。

1.4.3　两种经营策略的利与弊

“立足广但浅的合作，实现经营范畴的聚焦”和“基于有限但深入的合作，实现经营范畴的扩大”这两种不同的经营思路，对企业又分别有何利弊?

1. 聚焦经营：行业风险较高，客户风险较低

各个行业有其兴衰周期，在变化迅速的当今时代，各种业务类型同样面临着巨大的变革可能。因此，聚焦经营的风险就在于一旦所在行业出现波动，较窄的经营范畴同样意味着企业经营风险的加剧。然而，由于聚焦经营的客户来源往往较为广泛，因此客户的损失对其影响相对较小。

2. 泛化经营：行业风险较低，客户风险较高

泛化经营由于其经营面广，某一两种业务过时所带来的风险相对较小，因此降低了行业波动给企业可能带来的风险。但由于泛化经营往往依赖于若干个核心客户，因此一旦损失核心客户，将会给企业带来较大的不良影响。

由此可见，事实上企业如何选择在经营范畴上的策略，最终要根据自身企业的实际客户情况来决定，经营范围聚焦或泛化，这两种策略并无优劣之分。

1.4.4 两种经营范畴的配套策略

聚焦经营和泛化经营并非抽象的存在，而是需要在实际的管理中进行相对应的团队配置、制度配置和目标设置。如不能采用配套的经营策略，则经营范围泛化或聚焦的实施无法得到保证。企业经营者可参照以下几种经营范畴的配套策略。

1. 经营范畴泛化的配套策略

作为依托若干稳定客户建立起的泛化经营，需要考虑的两个核心问题是如何维持并深化现有合作和如何寻找下一个稳定的合作伙伴。

和聚焦经营的企业不同，泛化经营的企业由于业务关系举足轻重，因此业务关系主要集中于企业中资源调动能力最强、职务地位最高的一个或者若干个人身上，通常情况下，往往由企业主担纲这一角色。因此，泛化经营的企业往往由企业主带回业务，由团队开展消化工作。而团队建设的主要目的，则是通过消化更多的客户需求以固化现有业务关系，同时减少企业主的业务维护负担，以便将企业的更多资源投入到开发更多稳定客户关系的工作中去。

经营范畴泛化无可避免地会让团队接触到多种类型的业务，但是同一团队又很难同时精通各种业务类型，因此在团队的配置上，理解能力、沟

通能力和协调能力较强的管理型人才对企业极为重要，而在某一方面专精的技能型人才不见得能够在经营范畴泛化的企业发挥出最大价值。

2. 经营范畴聚焦的配套策略

与经营泛化相反，聚焦经营由于业务范围较小，更多地通过广泛的客户合作开展业务，仅凭借企业高层难以应对如此广泛的客户维系与开发工作。因此需要考虑的核心问题是如何开展企业品牌的营销工作和如何建立起一支具有战斗力的客户开发团队。

解决这两个问题，自然需要企业对开展客户营销团队的建设工作给予足够重视。就聚焦经营的企业而言，由于在甲方可挖掘的业务种类少、范围窄，需要更多甲方支持其生存和发展，因而其首要任务则是客户开发工作的顺利开展，而非技术能力的提升。

然而需要注意的是，聚焦经营的企业如果以员工拓展为业务引入的主流，那么可以预见的是，由于员工的商业资源和人脉资源有限，引入业务的体量一般不大，低端业务较多，中高端业务较少。因此，企业的经营需要成交单数达到一定规模，相关的团队配置和业务流程需要围绕成交单数的提升做出相应的设计。

1.4.5 经营范畴选择要点总结

有关经营范畴的聚焦与扩大，本节主要强调了以下几个问题。

- 企业的经营范畴是需要创业者着重思考的问题之一；
- 通常而言，经营范畴的聚焦意味着需要更大量的客户资源；
- 经营范畴的泛化需要可以进行深度挖掘的大型客户；
- 经营范畴的泛化往往需要由企业主开展主要的业务引入工作，经营范畴的聚焦则相反。

1.5 创业企业基础商脉的审视

1.5.1 实例故事：纯技术团队的创业之路

赵平作为一名高级软件工程师，一向以出色的技术水平受到公司高层和客户的好评。2015年，赵平认为自己的技术实力已经可以开始创业，于是带领技术团队集体辞职创办了自己的公司。然而公司创办之后，客户资源的缺乏成了公司生存道路上最大的难关，由于公司团队配置基本以纯技术人员为主，除了些许从之前公司带来的老客户之外，新客户资源非常匮乏。赵平也制订了业务拓展的相关计划，然而以技术人员为主的团队却并没有能够把业务拓展计划执行下去的能力，沟通能力和销售能力的匮乏使团队在业务洽谈过程中频频碰壁。然而更可怕的是，大多数时候，赵平的公司连洽谈业务的机会都找不到。

于是赵平开始通过互联网对公司进行宣传，在付出高昂的推广费用后，赵平发现其效果不大。首先是互联网推广的价码水涨船高，赵平的投入显得杯水车薪；其次是由于团队销售和沟通能力的匮乏也使通过互联网找到的一些客户不断流失。反而是赵平之前公司里的部分老客户听说赵平自己创业了，便陆陆续续转介了一些小业务给赵平，才使他的公司勉强存活下来。

在实例故事中，赵平所面临的问题是，作为有较高专业水平的技术人员，赵平团队的水平固然能够得到认可。但是赵平作为企业经营者，无论是本人还是其所带领的团队都还缺乏足以支撑企业发展的基础商脉。

1.5.2 什么是经营的基础商脉

所谓基础商脉，即企业可以利用的、能够带来直接或间接经济收益的人际关系。

毋庸讳言的事实是，人际关系在中国的商业环境中是极其重要的要素之一。我们可以认为，并没有所谓的“企业”与“企业”之间的合作，只有“人”与“人”之间的合作，企业之间的合作通常都是由人与人之间的关系串联起来的。尤其是B2B类型企业，业务基本由人际关系网络支撑起来。具有业务价值的人际关系，则是企业重要的商脉所在，因而在企业创办过程中，企业的经营是否有足够的商脉支撑是需要全面考虑的问题。

企业所需的基础商脉包括以下几种。

1. 客户关系

客户关系是企业业务来源的土壤，因此是企业经营过程中最重要的基础商脉。

2. 供应商关系

供应商关系的重要性往往被企业经营者所忽视，事实上，良好的供应商关系能够有效地减少企业的资金成本和人力成本，也是企业为甲方提供良好服务的重要保障。在结算方式、人力支持、技术支持方面，企业均可以基于良好的供应商关系来寻求更优的解决方案。

1.5.3 创业早期，应以“最小化公司”为标准来进行基础商脉的评估

所谓“最小化公司”，就是维持企业经营的最低团队配置，满足此团队配置，企业可以开展基础的客户拓展及维系、业务消化、内勤等工作。简单来说，“最小化公司”是企业运营的“保险线”。

那么，维持“最小化公司”所需的业务体量、人力成本、行政开支则是企业创业之初应当评估的重要内容。

例如，计算出企业的最小化配置为8人，由此计算出每月人力支出和

行政开支为5万元，按行业毛利率30%计算，则每月业务体量需要达到约17万元方可维持企业的基础运营。由此，企业主即可判断目前掌握的基础商脉能否支撑企业的正常运营。

那么，是否现有的基础商脉不足以支撑“最小化公司”的运营，就不能够创办企业？从普遍的经验而言，虽然基础商脉不足会大大增加创业企业的失败风险，但商脉本身有较强的可延展性，基础商脉不足可以依靠快速的商脉延展从而实现企业生存的也不在少数。

1.5.4　商脉的可延展性

什么是商脉的可延展性？简单而言，即在企业信用得到认可的情况下，利用现有的商脉可以挖掘出更多的客户资源。因此，对基础商脉的观察，不能忽视其“树状”和“网状”的特征。

1. 什么是商脉的树状特征

所谓商脉的树状特征，即现有的某一条商脉可在其系统内“开枝散叶”，从而带来更多的业务机会。举例来说，以甲方某区域企业为突破口，通过甲方企业内部的相互推介，可以打开甲方营销中心、渠道部门、其他区域企业的业务。针对大型企业、集团公司的服务，完全可以借助商脉的树状特征打开局面，实现客户价值的深挖和探索。但如果服务的甲方企业本身体量有限，那么通过商脉的树状特征所能够挖掘到的机会自然也就有限。

2. 什么是商脉的网状特征

所谓商脉的网状特征，指的是在乙方服务甲方的过程中，甲方与另一甲方之间的转介。通常而言，如果与甲方企业主或主要经营者有较好的合作关系，甲方则可能凭借其商圈将乙方转介给其他企业主。此种情况一般出现在甲方规模不大的情况下。

1.5.5　针对两种商脉特征的业务拓展策略

根据商脉的树状特征和网状特征，经营者可根据自身现有的客户资源，确定企业的客户开拓方针，即在某一个或数个大客户中实现深挖，或是通过中小客户之间的转介实现业务的拓展。

1. 针对“树状特征”的业务拓展策略

一般而言，利用“树状特征”开展业务拓展工作的企业，由于业务拓展需要更强的双方互信，因此拓展压力主要在企业主和企业高层，借助双方企业高层的互信基础持续稳定地开拓业务。利用“树状特征”开展业务拓展工作的企业，需要着重加强其业务消化能力，并释放接触客户的企业主和企业高层在具体工作中的精力，使得企业拓展业务的同时保证企业服务的口碑。

2. 针对“网状特征”的业务拓展策略

而通过“网状特征”开展业务拓展工作的企业，由于所需接触的范围广，往往企业主或企业高层的精力不足以覆盖如此众多的中小客户，而需以企业的客户拓展团队为主开展相关工作，企业客户拓展团队的规模和水平将直接影响到此类企业的生存发展。利用“网状特征”开展业务拓展工作的企业，应当建立一支较有效率的业务拓展团队，以此保持与客户群体的大面积接触。

1.5.6　基础商脉审视与分析的总结

有关基础商脉的审视与分析，我们强调了以下几个问题。

- 客户关系和供应商关系共同构成了企业的基础商脉；
- 创业前需要审视基础商脉是否能够支持最小化公司的运营；
- 商脉具有树状特征和网状特征，创业者可根据这些特征对商脉进行拓展。

1.6 创业企业首期投入资金预估技巧

1.6.1 历史故事：长途行军是一场后勤灾难

在中国古代，战争是一项成本极高的国家行为，而长途行军对于财政羸弱的王朝无异于一场灾难。战士需要粮食，运粮的民夫也需要粮食，运输的役畜更需要粮食，这就造成后方筹备的口粮运输到前线时往往只剩下十分之一。因此，历史学家普遍认为，战争最终打的还是经济仗。

战争可以带给企业创业者的思考是：作为即将步入商场的企业，首期应当投入或预备多少资金才能保障企业的基础运营?

1.6.2 首期投入所需考虑的几个方面

企业的首期资金投入，需要从以下几个方面进行审视。

1. “最小化公司”所需的经营规模与薪资水平

之前对“最小化公司”概念有所阐述，即可以支持企业最基本经营的团队。“最小化公司”的经营规模决定了首期投入资金的基本规模。能够支撑“最小化公司”运营的场地费用、人员薪资、办公物料等，是企业所需要预计的最小投入内容。

2. 行业的平均回款状况

行业的平均回款状况对首期资金投入有相当巨大的影响。其中包括结款方式、结款周期两大核心要素。就结款方式而言，部分行业以货前结款为主要的结款方式，部分行业以货后结款为主要的结款方式，也有存在多期结款的情况，结款方式的不同直接影响到企业的首期资金投入准备。例如，企业月度人事行政开支预计为10万元，然后客户通过货后结款的方式结算，则月垫付资金在20万左右，回款周期为3个月，则企业应当准备3个月的人事行政开支和垫付资金，总计为90万元。

3. 亏损期的预计

在企业创办之初，由于客户规模、经营实力还暂时不能够达到足以支撑企业生存的水平，因此需要预计一个阶段的“亏损期”，即在经营计划中，企业从亏损经营到基本保持收支平衡的时间段。此时间段大概多长？每月预计的亏损金额如何？这都是企业主在企业创办前所需考虑的首期成本投入。此部分预计基本是上两条预计情况之和，但可能有一定的经营入账冲抵。

1.6.3　首期资金投入的参考公式

创业企业的首期资金投入，综合说来应保障两个要点：第一是在有业务时，但因回款周期问题而导致的“青黄不接”的阶段开销；第二是在企业草创时完全没有业务的阶段开销。因此，首期投入可以用如下公式进行估算：

首期投入≥回款周期×（月均垫款+月均行政人事支出）+预计无业务期间行政人事支出

1.6.4　首期资金投入总结

有关首期资金投入的预估，本节重点强调了以下几个问题。

- 首期资金的投入需要考虑最小化公司的运营所需；
- 根据最小化公司运营所需和行业平均回款周期的预计可以得出所需投入首期资金的基本情况；
- 如预计企业在早期存在亏损期，则有必要将亏损期纳入考虑。

1.7 创业企业的市场角色定位

1.7.1 实例故事：选对角色至关重要

方振毕业后一直在物流企业工作，在工作中他发现了物流业的巨大市场，于是与朋友一起开发了一个物流方面的APP，专门为物流单位和需要物流的企业提供平台。方振进行了试算，预计该APP在每个地级市的市场容量约为3000万，按全国覆盖300个地级市计算，该APP可以冲击每年90亿元人民币的平台营业额。因此方振将自己的想法做成了融资计划，通过各种渠道与风投进行洽谈，然而一年过去了，还没有一家风投对方振的想法表示出任何兴趣。一位风投人士直截了当地说："如果马士基或者顺丰要在这一块市场发力，其他的物流平台很快会被挤出市场。"然而方振却不信这个邪，卖掉房子对自己的项目进行投资。在经营几个月后，方振发现这一类市场平台确实竞争激烈，自己的平台很难在物流市场中获得可观的市场份额。

在案例中，方振之所以在创业过程中受到挫折，是因为他身为企业主，却对企业在市场上扮演的角色自评发生了偏差。事实上，创业者之间有巨大的差异，经济实力、行业资源、人脉关系、经营经验等方面各不相同。因此，是否认清了自身的综合实力，在市场上是否选择了适当的角色，是经营者不可忽略的重要问题。

1.7.2 企业的三种角色选择

一般而言，作为B2B类型企业的经营者，可以扮演的角色可以用"狮子""狐狸""猴子"三种动物进行形象的概括。

"狮子"指的是已经拥有丰富的行业资源和经营实力的企业，一般为当地行业的引领者或垄断者，可以在一定程度上影响当地行业的发展趋势，有一定的定价权。作为初创企业，除非是在市场处于完全“蓝海”的情况下，否则很难刚进入行业就成为行业中的“狮子”。初创企业想要成为当地行业的“狮子”，不仅需要几乎未曾开发的市场空间，更需要足以支撑企业快速扩张的资金实力和人脉资源。

“狐狸”指的是缺乏有效的定价权，却能够掌握当地行业的部分主要客户，从而以“狐假虎威”的方式实现生存发展的企业。在经历一段时间的发展后，能够稳定占据市场份额的企业主要属于这一类型。

“猴子”指的是缺乏稳定的大型客户，在市场环境中主要凭借某些方面的优势，以承接零散业务为主要经营模式的企业。此类型所描述的经营情况，基本上是初创B2B类型企业所面临的普遍状况。

1.7.3　企业在市场中角色的评估参考

那么，如何评估企业在市场上可以扮演何种角色？

首先，企业要评估市场的饱和程度。如市场处于空白状态，初创企业又有足够的企业实力和客户资源，是能够以当地行业的“狮子”作为发展目标的。如在一般饱和或较为饱和的市场下，并且企业握有关键性的客户资源，则可考虑以“狐狸”为主要扮演角色。如果市场已经较为饱和，且初创企业缺乏关键性的客户资源，则初创企业的发展方式一般应为坐“猴”望“狐”，即基于零散业务，逐步固化深挖部分长期大客户。

其次，企业应当评估自身的成本水平。如果在提供同等产品或服务的情况下，企业有低于市场水平的成本表现，那么它是有可能快速拓展市场的。因此，企业对行业成本的调研显得至关重要，如果能够将成本优势转化为价格优势，并能够通过价格优势迅速进行市场拓展，那么企业自然可以预期自身在市场中扮演更为高级的角色。

最后，企业能够在市场中扮演何种角色，也取决于政策扶持、融资成果等因素，能够获得国家相关政策帮助或借助创投资本迅速扩张的企业，与其他企业相比拥有更为明显的发展优势。

1.7.4 企业角色定位的总结

有关企业市场角色的定位，本节主要强调了以下几个问题。

- B2B类型企业在市场中的角色一般可归纳为：业务的垄断者（狮子）、可持续的经营者（狐狸）、机会的寻求者（猴子）；
- 企业能在市场中扮演何种角色与市场饱和程度有关；
- 初创企业的自身成本水平与企业能够在市场上扮演何种角色有关；
- 抓住政策和融资能够使企业具备更多优势，从而担纲更具影响力的角色。

1.8 创业者决心的自我审视

1.8.1 实例故事：没有决心的团队兵败如山倒

孟秋是某公司高管，他有较高的个人收入与较丰富的行业资源。自主创业一直是孟秋的梦想，因此在找到投资人后，孟秋便辞职开始了自己的创业之路。

然而，创业后的生活却让孟秋很不适应，习惯了正常作息时间的他，发现自主创业几乎需要自己每天加班到深夜，周六日也很少能够有时间休假。此外，创业后失去了经济来源的孟秋，发现自己的物质消费水平下降了不少。看着自己日益减少的银行卡余额，孟秋经常感到压力巨大，他开始怀疑自己将那么多资金和精力投入到企业是否值得，开始觉得自己的生活远远不如创业前过得安逸。

正当孟秋纠结于自己创业后的生活质量下降时，投资人突然决定不再按约定进行后续的投资。孟秋的投资人是他的一个老同学，老同学突然决定要给孩子买一套房，再加上公司经营本来就不景气，于是老同学便放弃了对公司的投资。

投资人终止投资的信息很快传遍了公司内部，孟秋花高薪聘请来的员工们眼见公司面临困难，纷纷递交了辞职报告。孟秋的公司自然难以为继，于是孟秋筹划了多年的创业事业在短短几个月的时间内便分崩离析，只留下一堆债务。

实例故事中，孟秋的企业失败是典型的缺乏企业决心的案例。企业经营往往需要有背水一战的勇气，企业主的决心、投资团队的决心、员工团队的决心三个要素共同构成了“企业决心”，缺乏企业决心的企业往往在创业过程中遇到苦难便快速瓦解；而拥有较强的企业决心的企业，则可以在生存过程中提升经营容错率，更为有力地应对各种经营状况。

1.8.2　企业决心是决定企业成败的最关键因素

企业主的决心，指的是企业核心经营者的创业决心。在创业早期，由于企业经营规模有限，企业资金依赖于个人投资，企业运营依赖于核心人员的管理，因此通常来说在此阶段有两个“不分家”。第一是个人账目和企业账目“不分家”，第二是个人生活和经营工作“不分家”。为保障企业发展，企业核心人员往往会在生活质量和个人经济方面有所牺牲。那么，为了企业发展，企业核心人员的个人牺牲能够达到何种程度？这是在创业早期每一个企业核心人员必须考虑清楚并明确回答的问题，否则团队很难在运营过程中保持稳定。

此外，由于许多企业存在非执行股东的投资，因此非执行股东的投资决心也非常关键。非执行股东投资存在两种问题：第一是撤资问题，许多吸纳非执行股东资金的企业，在经营不顺、迟迟不能产生分红的情况下，往往面临股东要求撤资退股的问题；第二是已经商定的分阶段投资计划，在非执行股东对企业发展缺乏信心的情况下，常存在放弃后续阶段投资的情况。对于较为依赖现金流或投资的企业而言，以上两种情况的发生，无疑将把企业带入极危险的处境。

员工团队的决心也是企业决心的重要组成部分。初创企业通常不会拥有太大的团队，因此每一名骨干员工的离开，都会是企业经营力量的重大损失。如果没有稳定的员工队伍，企业也很难度过从初创到发展的窗口期。

1.8.3　企业经营所需的心理准备

创业者在开始企业经营前做好心理准备是非常重要的。牺牲个人生活品质、长时间牺牲个人收入、牺牲个人大宗资产等，都是可能在企业经营过程中需要创业者做出的抉择。创业者需要设置自己创业的“付出底线”，非常明了地设定自己能够为企业付出的程度，以避免冲动创业所带来的后续问题。

企业合伙人，尤其是投资人的决心同样至关重要。优秀的创业者往往在创业之初便会将企业可能面临的问题和经营中可能出现的情况告知意向中的合伙人，通过合伙人的反馈判断是否能够与其长期合作。创业者同样需要清楚合伙人能够为企业付出的程度和底线，同时通过书面协议来规避投资中止所带来的风险。

员工团队决心往往取决于创业者自身的决心如何，在创业者能够有充分决心的情况下，由于员工团队的决心不足而可能造成的风险是可以规避或降低的。如果创业者自身不能拥有极为充分的创业决心，那么员工团队的决心自然也不能奢望。

总而言之，企业决心是创业过程中最为关键的要素，也是创业者在创业前必须正视的问题。

1.8.4　企业决心的总结

有关企业决心，本节主要强调了以下几个问题。

- 企业决心是创业过程中最为关键的因素；
- 企业决心包括企业主的决心、合伙人的决心和员工的决心；
- 创业者在创业前应对自己的极限投资能力和压力承受能力作出切实的评估。

第2章

合伙人与员工选择技巧

在创业之初，企业主往往同时面临人难招、缺人才的问题和业务体量不足导致留不住人才的问题，两个问题往往形成死循环。而合伙人之间的纠葛也是许多企业关门大吉的根源所在，企业应当寻找怎样的合伙人和员工？应当有哪些基本原则？在遭遇经济寒冬时，初创企业又该如何取暖求存？

2.1 客户关系建设与团队建设的先后顺序

2.1.1 实例故事：客户与团队，孰先孰后

梁伟在注册公司后，迟迟没有开展公司的业务，原因很简单：如果先跑客户，目前团队还没有建立起来，一旦和客户合作，却缺乏团队来消化订单，不仅很难让客户感到满意，还会败坏公司的口碑；如果先建立团队，那么团队建立起来后就会产生不菲的固定开支，如果在短时期内缺乏业务支撑，公司就可能面临严重的亏损风险。

为此，梁伟专门找了一些商界名人传记来看，想找到其中的窍门所在。他发现，创业之初先建立团队再开始承接订单的企业不在少数，拥有客户关系再建立团队的企业也是恒河沙数。但既缺乏团队，又缺乏订单的初创企业，如何在客户关系尚未完善、团队建设也尚未完成的情况下完成公司的发展规划，梁伟却一直没有找到答案。客户和团队的建设顺序，就好像是一个先有鸡还是先有蛋的古老命题，让梁伟感到非常困扰。

梁伟所面临的问题在B2B类型行业中并不罕见，对于资金有限、资源匮乏的创业者而言，在面对即将到来的精力和财力的投入时，往往会陷入决策的困境。客户资源和企业团队两者俱无的创业者，很难决定从何处下手。

2.1.2 客户与团队的建设顺序决策方式

对于在创业阶段缺乏足够客户资源的企业而言，是首先进行客户关系建设还是首先进行团队建设，在创业早期资源有限的情况下是难以抉择的。如果首先进行客户关系的建设，倘若出现企业消化能力不足的情况则

很难为客户提供令人满意的服务；如果首先进行团队的建设，则可能在一段时间内由于缺乏充足的业务体量，造成人力资源的闲置，从而导致企业团队成本短期内难以收回。

企业经营者可根据以下参考项目来判断企业应当首先建设客户关系，还是应当首先建设业务消化团队。

1. 企业自评判断：企业现有人员是否具备基础消化力

企业创业之初的经营者可以大致分为两种类型：一种是具有专业技能，可以完成业务消化的经营者；一种是缺乏专业技能，仅能够对企业提供管理支持和业务支持的经营者。如果企业经营团队属于前者，那么企业在业务消化团队未能完善建立的情况下尚能拥有一定的消化力，可以支撑业务承揽。如果企业经营团队属于后者，那么就需要通过招聘团队或外包项目的办法进行业务消化。

2. 外包模式判断：外包项目是否可行

各个B2B类型行业之间有较大的运营差异，在服务内容相对简单的行业，业务外包价格相对低廉。在甲方预算充足的情况下，企业完全可以承揽业务并外包给第三方，仅在品控和进度上对第三方进行管理。例如，设备供应、材料加工、物料采购、广告投放等不可控因素较少的业务类型，均可尝试此种办法完成先期的业务承接。但诸如平面设计、软件开发等对人力资源需求较大、甲方需求变化较多的业务类型，则一般不宜采用外包模式进行业务消化。

3. 行业饱和判断：团队和客户的优先级对比

对于创业者而言，团队和客户哪一个更为稀缺？这是直接受到行业饱和度影响的。在行业饱和度较高的情况之下，市场同类型企业众多，激烈的竞争让客户成为稀缺资源，而人力资源反而往往比较容易解决，在此情况下，企业可考虑首先进行客户关系的经营，团队建设则可以稍缓。而在行业饱和度较低的情况下，市场同类型企业较为稀少，“蓝海”市场为企业提供了较为丰裕的客户资源，然而由于新兴市场所需的团队往往难于寻觅，同时新兴市场的服务模式需要团队快速建立服务模板，因此企业建设团队的优先级明显高于建设客户关系的优先级。

总而言之，在企业经营者自身不具备业务消化能力，且通过外包形式进行业务消化不可行的情况下，企业则需要招聘消化团队为业务承揽提供支持。在企业经营者具备业务消化能力或业务可以通过外包形式进行消化的情况下，企业可考虑以建设客户关系为先。作为补充，企业经营者还需要考虑面对的市场属于“蓝海”市场还是“红海”市场，并通过对市场的判断进行决策。

2.1.3 有效客户与有效团队

在基于企业自评、外包模式和行业饱和情况的判断之下，企业决定了团队建设和客户建设的先后顺序，然而在建设过程中的两者衔接阶段，企业经营者还需要考虑到“有效团队”和“有效客户”这两个建设标准。

1. 有效客户的建设标准

有效客户指的是能够带来真实业务的客户，而非意向谈判中的或结款方式不明晰的客户。在企业初创时，企业经营者为了快速引入客户，往往通过大量的客户拜访或企业推广的形式寻求客户资源。然而需要注意的是，通过这种方式得到的客户质量是良莠不齐的，不能以未形成确定意向的客户需求贸然启动团队建设，否则只会增加早期成本，并导致企业团队配置的功能性失衡。

2. 有效团队的建设标准

有效团队指的是内部稳定，且消化能力能够支撑业务需求的团队。在团队建设之初，由于企业规模小、盈利能力弱、薪资支付能力低，因此往往会导致团队水平低下或团队稳定性极差，不能称其为有效团队。对于以提供服务为主要盈利手段的B2B类型企业而言，团队水平低下自然毫无市场竞争力可言，而团队流动性大，则意味着团队无法维持正常的业务消化。这样的团队建设自然不能被视为成功，因此后续的客户拓展工作也需要审慎进行，以免承揽客户业务后无法正常消化。

2.1.4　客户与团队建设先后顺序决策办法总结

有关客户与团队建设的先后顺序，本节重点强调了以下几个问题。

- 若市场属于“蓝海”市场，需求量大、竞争度小，则可考虑首先建立团队；
- 若市场属于“红海”市场，需求量小、竞争度大，则可考虑首先建立客户关系；
- 可参照企业现有人员的基础消化能力决策是否需要首先建立完整团队；
- 业务类型能否外包也影响到是否应该首先建立团队；
- 若决定首先建立客户关系，则企业经营者需要先判断目前客户资源是否能够成为有效客户，再决定是否进行团队的建设；
- 若决定首先建设团队，则企业经营者需要先判断目前团队是否为有效团队，再决定是否大规模地进行客户引入工作。

2.2　合伙人的选择

2.2.1　实例故事：麻烦多多的合伙人

周青和朋友老吴开办了一家演艺公司，由周青负责管理，老吴负责出资，两人按照4：6的比例进行股份分配。在经营数月后，为了开拓更好的演艺资源，周青又引入了知名的演艺经纪人小米作为股东，小米声称可以给公司提供低价的演艺资源和客户资源，作为交换，小米可以持有公司8%的股份。在一段时间的经营后，周青首先发现老吴的资金在生意中并不能真正产生价值，演艺行业回款周期极短，一般而言演出当日即可结清款项，备用经费除了发放人员工资外，对公司经营并无帮助。此外，演艺经纪业务需要较广的人脉关系来保证业务来源，老吴在此方面也毫无贡献，却占了公司绝大部分的股份。于是周青开始找老吴协商重新分配股份的问题，然而谈判并不愉快，两人因此产生了分歧和矛盾。

并未投资和参与实际经营的小米，也开始为周青所不满。在数月的经营过程中，周青发现小米提供的所谓低价演艺团队，其价格在市场上仍处于中等水平，并不能形成公司的竞争优势。此外，小米所引入的客户资源也极有限，其产生的营业额仅能够占到企业流水的5%左右。因此，周青认为小米的加入也毫无价值。在和小米进行了一番不愉快的磋商后，两人也开始有了积怨。

在企业经营的过程中，由于需要整合多方面的生产要素，因此合伙经营企业是较为常见的情况。慎重、稳妥、有效地选择合伙人，能够使创业过程达到事半功倍的效果。但需要重视的是，合伙人的选择具有极高的风险，由于合伙人选择欠妥所导致的企业经营问题比比皆是。那么，作为B2B类型中小企业的经营者，应当在企业初创时如何进行合伙人的选择？

2.2.2 合伙人的基本类型及其特征

对于创业者来说，合伙人的选择至关重要，辨明预备合伙人的类型，可以让创业者判断是否能够与该预备合伙人进入实质性的合作阶段。合伙人可以分为如下几个类型。

1. 资本合伙人

资本合伙人指的是提供资本（包括现金及固定资产等在内的，可直接量化的资本）支持，不参与企业具体经营，以股份红利或以后续投资作为收益方式的合伙人。

2. 技术合伙人

技术合伙人指的是以付出核心技术劳动为主要投资方式，参与企业具体经营但不付出资金或固定资产，以股份红利作为主要收益方式的合伙人。此类型合伙人在B2B类型企业中较为流行，他们往往以核心员工身份持股，对企业的日常经营起到较为重要的作用。

3. 行业资源合伙人

行业资源合伙人指的是以客户资源或供应商资源为主要投资方式，对企业具体经营提供资源支持，不付出资金或固定资产，以股份红利作为主要收益方式的合伙人。纯粹的资源合伙人在合法合规运营的企业中较为少见。

4. 全面合伙人

全面合伙人指的是从资本、技术、资源等方面全面投资的合伙人，参与企业具体经营，以股份红利作为主要收益方式的合伙人。

2.2.3 对于各类型合伙人的普适性结论

1. 引入资本合伙人需要慎重

资本合伙人在互联网、厂矿、餐饮、娱乐等领域较为流行。然而对于服务型、轻资产较多的B2B类型企业而言，最核心的经营要素往往不是资本，而是客户资源和业务消化能力，资本合伙人在本书所述的企业中往往不能起到关键性作用，因此资本合伙人的引入需要慎重。

首先，资本不能转化为业务来源，B2B类型企业闲置的资本很难通过主营业务转化为经济效益，过量的资本投入对于该类企业而言缺乏实用价值。

其次，资本合伙人不参与企业具体经营，意味着合伙人在业务拓展、业务消化上不能提供帮助。随着企业的发展，不参与运营的合伙人的股份将成为资本合伙人与实际经营者之间矛盾的温床。

2. 原则上不建议引入行业资源合伙人

对于行业资源合伙人，在企业合法合规经营的前提下，基本不建议引入。核心原因在于企业的发展本身就是拓展资源的过程，不参与具体经营的行业资源合伙人股份一旦确定，很难在后续的发展中进行稀释，从而极有可能引发股份争端。此外，行业资源合伙人的资源有效性就如"薛定谔的猫"，往往只有在企业发展过程中才能够得到验证。一旦股份分配方式确定，再在实际经营过程当中发现行业资源合伙人不能提供相关资源，或是所提供资源并不具有稀缺性，或是资源体量不足以支撑企业的长期发展，那么企业所面临的善后工作将会是非常复杂且困难的。

3. 技术人员的引入需要考虑技术人才的稀缺程度

对于技术合伙人的引入，需要考虑两个关键问题。第一，技术人员是否在经营中确实存在稀缺性？第二，技术人员的技术是否能够帮助企业实现既定的技术目标？许多企业失败的案例表明：事实上，对技术人员发放高薪的成本远远低于对技术人员分配股份的成本，股东身份的技术人员可能成为标准化管理的障碍，因为技术合伙人不一定能够实现企业的技术目标。因此，企业在所经营的领域确实极难招募技术人才且不存在可替代方案时可考虑对技术人员分配原始股份，诸如资金紧张等因素不应成为对技术人员分配股份的原因。

4. 全面合伙人是最佳的合作选择

对于企业经营者来说，能够在资金、技术、资源等各个方面提供支持的全面合伙人无疑是最佳的合伙人选择。全面合伙人可以从各个层次、多个方面减轻企业的经营压力，对企业形成行业竞争力十分有益。但与全面合伙人的合作，也存在企业内部权力让渡、贡献与股份的匹配等方面容易引发企业内部矛盾的问题，这些都需要通过提前协商和深度互信进行规避。

2.2.4　什么是良好的合伙基础

在合伙经营中，应当要求合伙人所提供的核心资源拥有“必然性”而非“可能性”。任何有不确定性、可能性的合伙（包括资本投资、技术投资、资源投资等各种投资类型）都对企业经营有极大的损害。因此我们在谈论合伙时，首先要摒弃一切含糊的、观望的、缺乏诚信和决心的合伙人。

1. 资本合伙人的选择

如需要寻找资本合伙人参与合伙经营，那么应当对有意愿加入的资本合伙人提出明确的出资方式、出资时间。如是分期出资，则应当明确其出资的具体日期和每期的出资金额，并列出备案。如合伙人不能按时按量出资，则应当明确以何种形式对合伙人的股权进行处置。最为稳妥的引入资本合伙人的方式应当是当资本合伙人承诺的所有资金到位后，再进行相应的公司工商信息变动。

2. 技术合伙人的选择

技术合伙也同理。技术合伙可能存在的风险是技术是一项以人为载体的生产要素。因此技术合伙人的选择，首先需要以竞业禁止、退出限制等形式将技术合伙人与企业进行深度绑定，以避免技术合伙人在经营过程中的离开给企业造成重大损失。其次，技术合伙的价值在于，经营者认定企业的技术目标在引入技术合伙人的情况下有相当大概率完成。那么，技术合伙人的股权认定，应以技术目标的完成为基准进行判断。技术目标可以是具体的科研或开发项目，也可以是企业的技术消化能力。

3. 资源合伙人的选择

资源合伙是最难以规避不确定性风险的合伙形式，因此，在合法合规经营的情况下，建议不考虑任何形式的行业资源合伙。

4. 全面合伙人的选择

全面合伙人的选择，可综合以上内容进行参考，但全面合伙人的股、红、权、责的分配方式较为复杂，我们将在下一节进行阐述。

2.2.5 合伙人的选择总结

有关合伙人的选择，本节重点强调了以下几个问题。

- 合伙人分为资本合伙人、技术合伙人、资源合伙人、全面合伙人等多种类型，每种合伙人对企业起到的价值有所不同，建议企业经营者在基于企业的实际需求上进行合伙人的选择；
- 仅就类型而言，全面合伙人是最佳选择；
- 如技术不具有特别稀缺的价值，不建议引入技术合伙人；
- 一般不建议引入资源合伙人；
- 资本合伙人对于B2B类型企业而言并不重要；
- 一切与预备合伙人沟通的合伙内容，包括出资方式、合伙形式等，都应是明确的、排除一切不确定性的。

2.3 合伙人权益分配办法

2.3.1 实例故事：股份与贡献的矛盾

周青在与公司股东产生矛盾后，很快终止了对公司的经营。按照股份结构分配掉剩余资产后，周青和朋友老赵重新注册了一家企业，共同出资、共同经营，新公司按周青70%、老赵30%的比例进行投资和股份分配。然而在一段时间的经营后，老赵实际创造了公司50%的营业额，老赵认为自己只拿30%的股份吃了大亏，于是开始找周青磋谈如何重新分配股份。

周青对老赵的贡献表示认可，也认为老赵的要求并不过分。但周青认为企业股份的变更手续非常繁琐，不能轻易变更。例如老赵目前贡献的营业额为企业流水的50%，如果一段时间后，老赵贡献的营业额比例上升或者下降了，岂不是又要重新调整股份结构？为此老赵和周青大吵了一架，重新组建起来的公司没多久又开始面临散伙歇业的问题。

实例故事中，周青面临的新问题在于B2B类型企业与其他类型企业不同的是，股东所承担的股份、红利通常来说是固定的，然而股东所承担的权利和责任，却会随着企业的实际经营过程发生变化。就我国目前的企业工商信息管理而言，股份结构或股东构成的工商信息变更，存在变更周期长、变更手续繁琐的特点。建立起常态化、可持续的股红分配法则，就显得更加关键。

B2B类型企业多为服务型的商业机构，其核心生产要素主要为业务消化能力和维系客户关系。消化能力包括了人力资源、供应商资源、技术能力、资金实力等内容，业务消化能力的提升，同时需要资金和管理的投入。因此，消化能力与资金投入在通常情况下基本可以视为有限正相关的关系，合伙投资的比例也可以粗略地视为对消化能力同等比例的贡献。然而股东在经营中所带来的客户关系却是难以量化的，大多数B2B类型企业股东之间的分歧多出自于此。

因此，对B2B类型企业的股、红、权、责关系，经营者需要立足自身的经营特点进行梳理。

2.3.2 应当合理打破股红之间的固定关系

由于资本投入只能有限地促进B2B类型企业消化能力的提升，因此现金投资或固定资产的投入和企业经营发展成功与否并无决定性的关系。因此，如何选择合伙人权益分配模式，打破股份和红利之间的固定关系，是企业分配“破局”的必由之路。

企业在股份和红利的分配上大致有以下三种模式。

1. 等股等红模式

股份及盈利按照股东投资额度进行分配，不考虑管理、经营方面的因素。

等股等红模式的问题在于：适用于资本密集型行业；对于管理密集型、技术密集型、资源密集型行业而言，此分配模式更有利于投资较大的股东而非经营管理贡献较大的股东，但如果把握不当容易造成经营管理者缺乏积极性和发展动力不足等不良影响。

2. 轻资重管模式

股份及盈利分配更多偏向于经营管理的主导者。即主要经营和管理企业的企业股东，在同等投资情况下享有更多股权份额；协助经营和管理的企业股东，在同等投资情况下享有较少股权份额。

轻资重管模式的问题在于：事实上，企业在经营过程中，各个股东带来的贡献是难以量化且不断变化的，资金所带来的贡献和管理所带来的贡献，其比例也是难以量化且不断变化的。一旦企业股东之间对企业经营管理的贡献比例发生较大的变化，在该模式下建立的分配机制也需要随之改变。

3. 股红分立模式

在此种模式中，将法人股和红利进行区别化分配。在法人股方面，按照投资额度进行分配。在红利方面，按照企业内部绩效考评进行分配。此模式只承认股东的法律地位，股份投资仅在企业工商信息中予以表现，然而红利的分配标准主要以股东贡献作为评定基础。

股红分立模式是目前较为有效的可以适度平衡投资额度与经营管理贡献之间关系的分配模式。然而此模式对于机制制定者的水平要求较高，需要在得到各投资方认可的情况下，合理地对各种生产要素进行评估，以确定股东内部的考核机制。股红分立模式打破了股份和红利之间的固定关系，将投资收益转化为了贡献收益，对于订单依赖性极强的B2B类型企业而言是比较合理的分配方式。

2.3.3　股权人权责的再审视

那么，如何通过股红分立模式建立起良好的分配机制？这就需要对股权人的权责进行再度审视，通过企业的行业状况、业绩目标等方面，综合制定出合理的权责分配办法。

股权人的权利与职责是必然挂钩的。一般而言，企业应当对承担更多职责的股权人赋予更多的权利。其中最关键的权利可以按以下几个方面分别进行拆解。

1. 企业核心权利

股权人是否有决策企业工商信息的注册、变更或注销的权利？股权人是否享有法定代表人的权利？股权人是否有决策企业的经营范畴的权利？

2. 对外代表权

股权人对外代表的是整个企业，还是企业的一部分？抑或只是企业对外的订单代表？

3. 人事任用权

股权人是否有权利对企业的人事制度进行调整？股权人可以决策企业何种级别的人事任用？股权人可以决策企业哪一部分人事的任用？

4. 经费使用权

股权人同时拥有经费的审核及签发权利或只享有其中的部分权利？股权人是否有权利进行企业账户的管理？股权人对企业经费的使用有无限额？

5. 项目管理权

股权人是否有权利决策是否承接或放弃某一项目？有权利决策承接或放弃的项目规模是多大？股权人是否有权利进行全面的项目管理？抑或只拥有项目中某一部分的管理权？

根据以上的拆解方式，基本可以判定各个股权人在企业中所享有的权利情况，并以此对股权人分配相应的责任。股权人责任有既定责任，也有量化责任。

既定责任指股权人作为企业的经营管理者，需要承担企业所分配的固定职责，例如部门管理、财务工作等。此部分工作的特征在于，对它的评价是定性的而非定量的。

量化责任指股权人的客户拓展、订单引入等方面直接影响到经营成果的可量化的责任。例如股权人所完成的营业额、利润业绩等。

一般而言，股权人权利和股权人责任的对应关系如下。

（1）法定代表人权利——企业工商代表责任；

（2）经营范畴决策权——业务承揽责任、全面团队管理责任；

（3）全面对外代表权——业务承揽责任、财务管理责任、全面团队管理责任；

（4）部分对外代表权——部门管理责任或业务承揽责任；

（5）对外订单代表权——业务承揽责任；

（6）人事制度制定权——人事管理责任；

（7）全面人事任用权——全面团队管理责任；

（8）部分人事任用权——部门团队管理责任；

（9）经费审核权——项目管理责任、团队管理责任；

（10）经费签发权——全面或部分流水账目的管理责任；

（11）企业账户管理权——企业财务管理责任；

（12）项目决策权——业务承揽职责；

（13）项目全面管理权——全面团队管理责任或全面团队协调责任；

（14）项目部分管理权——部门管理责任或部门协调责任。

企业股权人的权利及责任应为明确的对应关系，权责关系应避免在企业经营管理过程中所可能出现的推诿及纠纷，这样也更有助于建设起公平完整的股红分立分配模式。

2.3.4　权责的变化应纳入红利分配的考虑范畴

公平和效率的平衡是股权及红利分配的基石。然而，传统的股权分配制度，即等股等红和轻资重管的分配制度，都忽略了B2B类型企业在经营过程中，股权人权责的归属与大小是一个变化的属性，不顾其变化，其分配方式无疑是不公平且有失效率的。

因此，一般而言，B2B类型企业应立足股红分立，建立以投资额度为常量、以经营贡献为变量的分配模式，以避免在经营过程中既有的股权结构对企业发展产生阻碍。

在厘清了企业股权人的权责关系后，就可以建立起股红分立的分配模式，模式建立的基本思路包括以下几方面。

首先，资本作为“股”的部分，应当占据一定比例，此比例可与各个股权人的出资额度比例相统一，是相对固定的分配比例。

其次，以股权人责任和与之对应的公司贡献作为“红”的分配参照，以确保各个股权人在经营过程中能够取得与其付出相对应的收益。

以实例故事来说，周青与老赵按7∶3的比例进行了投资，那么，双方工商注册的股权信息为，周青持有70%的公司股份，老赵持有30%的公司股份。股份不能体现出双方的经营贡献，因此周青与老赵可分别拿出自身年度股红的60%参与绩效考核，根据双方承担的股权人职责制定绩效评定

标准，从职责承担、团队管理成效、业务引入等方面制定绩效评分标准。那么，当其中一方对公司的贡献大于另一方时，可获得超出自己所持股份比例的绩效奖励，从而保持经营管理优势方的经营热情。从另一方面来说，经营管理贡献较小的股权人，也可以在不参与绩效考核的股份中获得保障性的投资收益，从而兼顾了公平和效率的平衡。

2.3.5 股红权责的分配关系总结

有关企业股权人的股份、红利、权利、责任的关系，本节重点强调了以下几个问题。

- 股份和红利的分配有多种分配模式，主要根据资本以外对企业的贡献预期决定分配模式的选择；
- 由于经营管理是B2B类型企业最重要的生产要素，因此建议采用股红分离的分配模式；
- 股份持有人所持股比例应与其所承担的权责相匹配；
- 股红分立模式结合合理的权责匹配，可以建立起灵活性较强、基于股东劳动分配的机制，避免后期发生股红纠纷。

2.4 初始员工的选择

2.4.1 实例故事：初创企业的员工招聘难题

冯华创立公司后，很快接到了一些订单，冯华便开始着手进行员工招聘工作。由于资金不多，冯华招聘了数名相关专业的应届毕业生，希望以较低的人力成本消化现有业务。然而，应届毕业生毕竟在沟通能力、协调能力和专业能力上都有所欠缺，很快客户对冯华的公司所提供的服务表示不满。于是，冯华不得已开掉了应届毕业生，又高薪聘请了两位行业资深经理人。然而，这两位资深经理人却在工作中表示自己应当从事管理层面的工作而非基础工作。

冯华左右为难，心想：本来公司资金就极其有限，难道在公司建立之初就要建立完整的团队吗？两位行业资深经理人很快提交了辞职报告，冯华只好另行聘请员工开展工作，然而冯华给出的待遇比较低，办公环境也比较差，员工经常流失，这给冯华的经营带来了很多问题。

初创企业的员工招聘之难，主要在于两点：其一，初创企业自身经营规模有限、客户来源不稳定，难以为员工提供足够有吸引力的薪资待遇和工作环境，因此造成员工招聘难且流动性大；其二，初创企业自身在人事管理上不成熟，往往对于企业人力资源的需求预计上有所偏差，在不断调整的过程中，也常导致人力资源费效比过高、员工流动性过大的问题。

招聘难不应是降低对员工质量要求标准的理由。与B2C类型企业不同，B2B类型企业的“消费者”同样也是企业，企业与企业之间的生意并非形而上的存在。通俗来说，更多的是人与人之间的“交道”，事可因人而立，也可因人而废。B2B类型初创企业的员工质量过低，将会是企业经营中的重大问题。

正因为初始员工的招募既困难又重要，因此早期人事计划是初创企业不可忽视的重要命题。

2.4.2　员工的基本类型与选择

通常而言，员工可以大致分为以下几个类型。

1. 经理人

指的是沟通协调能力相对较强、业务能力相对较强，且在拥有一定自主权利时可以进行单个或多个项目运营的员工。

2. 骨干员工

指能够较好地完成个人基础工作，有一定沟通协调能力，对其他相关岗位工作内容有一定了解，但资历和经验不足以担纲经理人角色的员工。

3. 普通员工

指能够在基础岗位上完成本职工作但缺乏对个人岗位外相关工作的了解的员工。

事实上，筹备良好的初创企业，应当在创立之初时能够通过业务外包或企业经营者实现基本的消化能力。早期创业团队在业务消化上重度依赖于员工，将会极大地增加经营风险。

一般而言，企业初始员工的最优选择，应是选择介于“螺丝钉”和“轴承”之间的骨干员工。选择骨干员工的好处在于，骨干员工既有一定的行业资历和经验，又不会因较高的自我期望而排斥基础工作。企业如果能够顺利发展，则可将此类员工重点培养为管理层，在企业经营受挫的情况下，也可将骨干员工作为普通员工进行使用。

2.4.3 早期人事计划制订的几个维度

早期人事计划往往是被企业经营者所忽略的计划类型。合理的早期人事计划可以帮助企业建立起费效比较低的团队，同时规避在人事规划中可能出现的资金风险和管理风险。在制订早期人事计划时，主要参照以下的几个维度进行考虑。

1. 财务维度

企业资金能够支持的员工数量及质量，能够支持多久？按照经营计划，什么时候能够达成人事支出与项目收入的平衡？

2. 专业维度

员工需要怎样的专业性？其专业性是否能与企业的发展要求相匹配？

3. 管理维度

在内部架构上，所需的早期员工属于管理层还是被受管理层？在项目消化上，是否需要员工主持项目管理工作？

在参照以上标准后，企业经营者可按表2.1的格式进行早期人员的计划。

表2.1　岗位计划管理表

项目	制表备注	计划内容			
岗位名称		岗位A	岗位B	岗位C	岗位D
岗位需求人数	要求一样的同岗位采用同一列，要求不同的同岗位或不同岗位另起一列				
岗位职责	注意是否参与公司管理和是否参与项目管理两个指标				
岗位要求					
到岗时间需求	岗位需要招聘到相关员工的时间				
薪资总计	本阶段所需招聘的全部人员的月薪总和				
人事预算总计	基于公司目前现金的人事预算				
预算维持时间	预算内按计划人事开支可以维持的时间				

在按照此表进行人事计划后，企业经营者基本可以把握早期员工招聘对于财务、公司管理等方面的影响，并以此进行合理化的调整。

2.4.4　初始员工选择要点总结

有关初创企业选择初始员工的要点，本节重点强调了以下几个问题。

- 员工流动性大、企业实力较弱是初创企业招聘员工的难点所在；
- 初创企业选择“能上能下”的骨干员工是较优的招聘选择；
- 企业需要制订早期人事计划，结合财务、专业、管理等多个维度

规划对人力资源进行招募和使用。

2.5 企业组织架构与项目托管基础

2.5.1 实例故事：乏力的组织对企业发展的阻碍

黄昕创办公司后，业务发展得非常迅速，为此黄昕进行了多轮团队扩编。然而黄昕发现，扩编的团队并没有减轻自己的负担，反而增加了自己的工作量。由于团队新进人员多，业务水平有限，以往黄昕自己就能够处理的事务，现在反而需要投入更多精力去和团队沟通、跟进。

因此黄昕决定打破既有的扁平化机制，建立起部门架构，并明确各个部门的职责。黄昕认为在建立起部门架构和明确部门职责后，相关的经理人明确了自身职责，可以减轻自己的管理压力。然而很快公司承接了若干个体量较大的项目，单个部门无法消化，需要多个部门协作才能顺利推进。因此黄昕指定了一个部门的负责人陈焕作为项目负责人，从各个部门抽调人手组成临时工作组跟进项目。在项目开展过程中，问题一个又一个浮上水面。

其他部门负责人对陈焕作为项目负责人很有意见，陈焕所抽调的人手常常被其他部门的负责人安排工作，导致人力资源无法有效转化为业务价值。

各个被抽调的员工也心怀不满，认为自己的本职工作已经非常繁重，还要消化陈焕所统筹的项目，压力太大。

陈焕本人也心怀不满，他认为自己本来就是在为公司开展工作，然而临时的工作组既缺乏财务权限，又缺乏行政人事权利，就连项目支出也不得不从陈焕所在的部门进行核销，实在是处处掣肘。

项目完结后，参与项目的所有抽调部门主管和员工更是集体爆发，明明各个部门都抽调了人员，最终项目绩效和提成却全部算在了陈焕所在的部门头上！好几个员工私下说，如果早知道这样，就不会参加项目抽调了。

明明公司承揽了大型业务是有助于企业发展的好事，却成了各个部门之间矛盾的聚焦点。黄昕感到非常苦恼。

B2B类型企业的发展，基于业务来源的扩大。业务来源扩大意味着企业团队往往需要"分兵"多线作战，以寻求企业利益的更大化。

然而，企业在经营中"分兵"，项目管理的压力也随之提升，会出现缺乏优秀的经理人统筹项目、跨部门协作时战斗力下降、既有的绩效考核无法适应复杂的业务体系等问题。分兵问题本质上是分权问题，当企业发展到一定阶段，企业经营者必然缺乏凡事亲力亲为的精力，需要下放部分权力以维持企业的经营。如何对经理人进行权力下放？权力下放后，经理人是否能够熟练合理地运用管理权力？在经理人运用管理权力的同时，相关人员是否能够有效支持和配合？这都是在经营过程中常见的问题。

如何良好地实现"分兵"？这需要从企业架构的组织形式和不同的分兵需求中梳理问题。

2.5.2　企业架构组织的不同形式

企业作为经济组织，存在多个层面的组织工作：其一是企业董事会或股东之间的组织形式，其二是企业与供应商之间的组织形式，其三是企业员工的组织形式，其四是针对项目的组织形式。本节着重讲述的是第三种和第四种组织形式，即如何在企业经营中，通过合理的人力资源组织进行经营优化。

通常来说，企业会根据不同的员工职责类型，设置不同的部门。然而就具体的项目需求而言，跨部门作业并非罕见。在项目有一定复杂程度且涉及服务工作流程化、工作量较大的情况下，指定项目负责人从各个部门抽调人员进行项目消化是B2B类型企业在项目管理中的常态。

毫无疑问的是，跨部门协作会使项目本身和涉及项目的人员管理难度加大。首先是项目统筹人抽调和协调各个部门员工，这在一定程度上削弱了部门力量，因此有一定概率和部门管理者发生冲突；其次是项目统筹人通常属于临时管理性质，对于协作处理的员工不一定有充分的了解，统筹威信也常常缺乏基础，使得项目本身难以管理；最后是在跨部门协作中，原有的一些企业行政人事制度，如提成制度、绩效制度等在实现时具有一定难度。

因此，企业的机构设置，除了以部门作为单位以外，还有“小组制”和“员工池制”两种思路进行机构的设置。

小组制与部门制不同的是，部门往往是集合同类型的岗位，而小组则是根据一般的项目需求，集合多个类型的岗位。就企业的一般项目而言，一个小组能够作为一个基本的单位进行使用。

按照“小组制”进行架构设置的优点在于，一般性项目较少出现多组协作的情况、各个小组可以按照组别划分进行绩效核算、小组负责人更加熟悉团队、流程化作业效率更高等。但小组制也有其缺点，即在消化类型单一的项目时，小组中会出现人员闲置的情况，同时超出一般体量的业务依然需要小组和小组之间的协作。

员工池制指的是，员工不具体划分至某一部门或小组，当有项目需求时，公司指定管理层对员工池中的员工进行抽调组成临时队伍，绩效或提成的发放直接面向参与项目的个人。员工池制的优点在于组织灵活，且可以根据员工被抽调的频率实现对员工质量的判断，在一定程度上可以作为多劳多得的薪酬体系基础。缺点在于可能会出现管理者对团队不熟悉或缺乏威信的情况，也有可能引发企业内部山头主义的思潮。

因此，企业经营者需要根据自身的实际情况判断企业需要怎样的架构设置。通常而言：如承揽的项目单一性强、流程性弱，适宜采取部门制为企业组织架构思路；如承揽的项目复杂性强、流程化强，适宜采取部门制为企业组织架构思路；如承揽的项目类型多样，需要较为灵活的组织形式，适宜采取员工池制为企业组织架构思路。

2.5.3　企业项目组织的管理要素

无论搭建何种形式的组织架构，在项目管理中，以下几点要素都是在企业项目管理中必须得到重视的，如以下问题未能得到企业经营层妥善的解答，那么企业很难实现员工作业流程的规范化，最后可能导致以员工为主导的项目消化频频出现问题。

1. 明确的项目目标

该项目需要达成何种目标？总体目标为何？可根据岗位拆分为何等分项目标？可根据周期拆分为何种短期目标？

2. 明确的甲方衔接人

项目的甲方衔接人是谁，是一个还是多个？分别拥有何等职权？甲方中的谁具有决策权？又与谁就此项目的具体实施内容进行沟通？

3. 清晰的项目责任人职责和权利

谁是项目责任人？项目负责人拥有何种权利？项目负责人直接负责的内容有哪些？项目负责人是否具备负责内容的统筹能力和经验？项目负责人是否具有足够的管理威信？项目负责人通过下属间接管理负责的内容有哪些？项目负责人通过何种手段把控间接负责的部分？

4. 清晰的分项职责及责任人权利

项目责任人管辖何人？被管辖人在项目中的职责又是什么？被管辖人是否有能力承担自己的职责？被管辖人需要且有权限进行沟通的甲方人员是谁？被管辖人没有权限进行沟通的甲方人员是谁？沟通结果应当以何节点、以何形式对项目责任人进行反馈？

5. 严格的项目进度管理

项目负责人与甲方沟通得出的项目进度情况如何？是否合理？每一具体进度由谁负责？具体进度的负责人是否真实反馈了进度情况？

6. 适度的督导与审核

对项目责任人消化项目过程中的成本控制、人员分配的合理程度如何把控，谁来把控？项目负责人的哪些行为是不应干涉的，哪些行为是应予干涉的？如何干涉？

2.5.4 “分兵”需要注意的几个原则

效率良好的“分兵”，能够帮助企业完成更大规模业务的消化，也能够通过业务流程的规范化降低在业务消化过程中的出错率。然而，如不能完成团队在“分兵”方面的机制组织建设，那么“多线程作战”则必然成为无源之水。因此，企业经营者在“分兵”时需要注意以下几个原则。

1. 予责必予权

对项目的各个管理要素进行梳理后，我们发现，如需由经理人进行项目管理，责任下放必然是与权利下放同步且对等的。但此原则的运用显得倍加艰难，其中最常见的是企业经营者对经理人的信任度问题。经理人既有的过往失误，也会影响企业经营者进行权利的下放。

就原则而言，经理人错误运用下放权利或不运用下放权利导致项目受挫，固然是经理人的失误。但企业经营者不对经理人下放与责任对等的权利，则无疑是企业经营者的失误。

有关企业经营者对经理人权利下放的相关阐述，将在之后章节予以详解。

2. 项目管理人与部门管理人之间的权利让渡

在多部门协作或抽调的统筹方式下，如不能对员工参与项目的理由和利益进行明确，则往往会出现员工认为抽调或协作工作是额外的工作负担，认为应以现有本职工作为重，对抽调安排出现消极排斥心理。

通常而言，项目管理者根据需求从其他部门进行项目人员抽调，会造成项目人员面临“两头分管”的局面。除非受抽调人完全脱离现有部门的工作，否则现有部门的相关安排往往会与抽调项目产生冲突。在此情况下，部门管理人向项目管理人让渡对于抽调人员的部分管理权利是必要的。

3. 抽调项目的利益分配

在企业已经存在基于现有组织架构建立的分配机制情况下，跨部门协作的项目由于并不从属于任何一个部门完全管理，且项目管理者与受抽调人员可能分属不同部门，有不同的考核指标和利益激励机制，容易造成项目消化完成后的利益分配产生偏差，损伤受抽调员工的工作积极性，导致此后的抽调工作难以开展。因此，将协作项目与部门项目的利益分配机制相区别，制定针对跨部门协作或抽调协作员工利益的相关分配制度，是必要且有益的。

抽调项目的利益分配，原则上是针对参与该项目的相关人员，而不是受抽调员工或项目负责人所在的部门。分配权利应归属于进行人员抽调的项目负责人，而非归属于各受抽调员工所在的部门负责人。

2.5.5　初始员工招聘及管理要点总结

有关初始员工的招聘任用，本节主要强调了以下几个问题。

- 员工流动性大、企业实力较弱是初创企业招聘员工的难点所在；
- 初创企业选择“能上能下”的骨干员工是较优的招聘选择；
- 企业需要制订早期人事计划，结合财务、专业、管理等多个维度规划对人力资源进行招募和使用。

2.6 不脱产管理实操办法

2.6.1 实例故事：难以两头兼顾的不脱产管理

资深设计师张飞虎在开办了自己的设计工作室后陷入了深深的苦恼中。作为公司的管理者，张飞虎常常需要与客户进行当面沟通和对接，然而张飞虎本人又是设计工作室的主力设计师，在张飞虎外出公干的过程中常常无法兼顾设计工作。

为此张飞虎对团队进行了扩编，委任了一名设计师作为团队主管协助自己进行管理。然而作为公司的主要扩展客户来源，重要客户的沟通依然依赖于张飞虎，沟通之后的相关安排也不得不由张飞虎本人进行。张飞虎本人不堪重负，团队也怨声载道，团队主管认为张飞虎常常不在公司，许多需要确定的事项无法及时和张飞虎沟通，导致工作效率得不到提升。

中小微企业，尤其是小微企业，不脱产管理是企业经营者所面临的常态。由于企业规模小、人力规模有限，企业经营者在经营企业的同时，也需要参与到具体事务的操作中。

不脱产管理给企业经营者带来的压力无疑是巨大的，然而与工作压力相比，企业经营者在操作具体事务和管理工作的同时，出现的自身定位偏差、企业管理无法制度化才是企业经营中可能发生的最大问题。不脱产管理的难点在于，在管理者缺位情况下的救济措施以及流程制度的普适化。

2.6.2 管理者缺位，管理不能缺位

在不脱产管理中，管理者因具体事务而不得不缺位管理岗位的情况非常常见。在管理者缺位的情况下，管理岗位的正常运作主要依靠的是制度建设和业务标准流程建设。

在预计企业经营者有可能会缺位管理的情况下，制度建设和业务标准流程建设无疑要脱离依赖管理者的思路。事无巨细，需要管理者签署确认才能开展业务的做法，不适合企业经营者不脱产管理的实际情况。因此，不脱产管理的企业经营者需要把握制度设计中几个最关键的节点，放弃部分次要节点的把控，以解放更多管理精力。

这也同样意味着，在无法完整把控过程的情况下，企业经营者需要通过制度进行结果管理，并针对结果制定合理的奖励惩罚措施，以此逐渐修正团队的作业习惯和作业流程。

在管理者缺位情况下的制度设计应当包括以下几个方面。

1. 项目责任交接表

在管理者缺位或临时缺位的情况下，指定项目责任人并交接相关事项的必要性自然毋庸赘言。责任交接表的作用在于厘清交接内容、避免信息丢失、确定责任归属。表格内容可参考表2.2进行制作。

表2.2　项目责任交接表范本

<table>
<tr><td colspan="2">交接事务说明：</td></tr>
<tr><td colspan="2">交接人职务：</td></tr>
<tr><td>交接日期：</td><td>交接项目名称：</td></tr>
<tr><td colspan="2">甲方联系人：
甲方联系人联系方式：</td></tr>
<tr><td colspan="2">主要供应商联系人：</td></tr>
<tr><td colspan="2">项目其他相关部门及责任说明：</td></tr>
<tr><td colspan="2">项目情况：</td></tr>
<tr><td colspan="2">交接人签章：</td></tr>
<tr><td colspan="2">受接人确认：</td></tr>
</table>

2. 人员分工表

人员分工表对于事务管理具有两种意义：一是从管理过程方面来看，企业经营者可以从中判断分工是否合理、各项工作是否落实到人，并对不合理安排进行修正，保障项目的顺利实施；二是从管理结果方面来看，对于出问题的事项，可以按此究责。表格内容可参考表2.3进行制作。

表2.3　人员分工表

<table>
<tr><td>项目名称：</td><td colspan="2" rowspan="2">项目情况说明：</td></tr>
<tr><td>客户名称：</td></tr>
<tr><td colspan="3">项目总负责人信息</td></tr>
<tr><td>姓名：</td><td>职务：</td><td>备注：总体进度需求</td></tr>
<tr><td colspan="3">分项负责人信息</td></tr>
<tr><td rowspan="2">分项名称</td><td rowspan="2">责任人名称</td><td>备注：分项进度需求</td></tr>
<tr><td>备注：其他参与人员名称及责任</td></tr>
<tr><td rowspan="2">分项名称</td><td rowspan="2">责任人名称</td><td>备注：分项进度需求</td></tr>
<tr><td>备注：其他参与人员名称及责任</td></tr>
<tr><td rowspan="2">分项名称</td><td rowspan="2">责任人名称</td><td>备注：分项进度需求</td></tr>
<tr><td>备注：其他参与人员名称及责任</td></tr>
</table>

3. 成本及报价表

项目成本及盈利预期是企业经营者必须掌握的内容。一方面，项目成本的支出情况与企业的资金安全有关；另一方面，报价管控是保证企业盈利的有力手段，也能够有效地控制企业的价格竞争力。因各行业报价内容各不相同，因此此处不再列表展示。

4. 大客户客情监控

客户是企业发展的经济根基所在，在将企业大客户项目交由团队管理的过程中，企业经营者也必须保持对大客户客情的敏感和把握。

2.6.3　流程制度应同时囊括员工和管理者

由于不脱产管理的经营者，时而履行管理者职责，时而履行员工职责，属于管理和执行兼顾的状态。因此经营者不能脱离企业业务消化的基本流程制度。

基本流程制度，指的是在业务消化过程中，对业务消化过程进行规范的制度。着重突出本点进行说明的原因在于，在不脱产管理中心，企业经营者也经常作为业务消化流程中的一个消化环节进行工作。因此如不能以统一的制度对业务消化过程进行管理和约束，不能明确企业经营者在具体业务消化过程中的职责，则极有可能造成信息传达的丢失及流程失范。

2.6.4　不脱产管理要点总结

有关不脱产管理，本节重点强调了以下几个问题。

- 不脱产管理的关键在于将不能脱产的企业经营者纳入一般员工的管理体系；
- 对于不脱产管理者因经营事务脱离执行岗位造成的局面，需要通过完善的交接制度进行救济。

第3章

商脉与“脉商”（客户开拓与客户管理）

在创业者日益年轻化的今天，许多创业者并未完成人生的初始人脉积累，仅仅凭借技术自信或是一腔热血就开始了自己的创业，在此情况下，零基础的客户开拓已经成为许多创业者所面临的核心问题。业务在哪里？它怎么来？如何去开拓它？在企业发展到一定程度后，创业者又如何从琐碎的客户工作中抽身出来？本章主要讲述B2B类型企业所关注的最核心问题——客户拓展与客户管理。

3.1 从无到有的客户拓展方法论

3.1.1 实例故事：起步难，难在没客户

杜亮是国内某家咨询公司的咨询顾问，在咨询行业的长期工作使他积累了丰富的经验。在创办自己的咨询公司后，杜亮发现自己和过去的客户都缺乏合作的可能性，目前公司面临需要从无到有进行客户拓展工作的问题。

因此，杜亮开始广泛地进行陌生客户的拜访工作，然而拜访的效率却极为低下，历经一个多月的拜访，企业并未接触到有效的客户。与此同时，公司的合伙人和员工也都怨声载道，公司合伙人认为自己承担着公司的管理工作，能够利用的时间并不多，客户拜访工作对自己而言压力太大；而公司其他员工则认为，自己的本职工作并非客户拜访，甚至有员工私下说，自己每月拿到工资就可以，至于公司能否维持，并不是自己应该关心的事情。

为此，杜亮对自己的合伙人和员工大失所望。但是，公司创办已经数月，每个月都在亏损，杜亮必须快速找到客户资源以扭亏为盈。于是杜亮将公司经费在网络推广方面投入很多，收到一定的成效。然而杜亮又发现，自己的团队并未经过专业训练，客户通过网络途径找到公司，却常常因为公司员工不能妥善有效地跟进而导致潜在客户的丢失。同时，网络推广费用的高支出也让杜亮不堪重负。

对于所有B2B类型企业经营者而言，如何拓展企业业务是永恒的问题。初创企业由于客户积累有限、缺乏行业知名度，很难快速打开业务局面。不少B2B类型企业之所以经营失败，是因为客户发展规模不足以支持企业开支。因此，将业务拓展称为B2B类型企业的生命线并不为过。

客户从无到有，这是大多数B2B类型企业创业者的必经之路。然而客户拓展工作，本身就是企业经营中难度最高的一环，因此制订严谨有效的客户拓展计划和机制十分必要。通常而言，合理的客户拓展机制可概括为“以分析树目标，以数量求成交，以口碑促介绍”。

3.1.2　以分析树目标

在完全缺乏客户资源的情况下，企业经营者需要通过分析确定客户拓展的主攻方向，发掘客户资源富矿聚集区。初创企业可以根据以下几条线索对客户拓展方向进行分析。

1. 现有企业属于何种行业的产业链条构成

B2B类型企业作为社会经济组织不是孤立的，而是某一行业产业链条的环节构成，其上游环节是其拓展业务所需的甲方企业，其下游环节是企业的供应商和服务商。服务商不一定只隶属于某一条产业链，很有可能隶属于多条产业链。通过分析，认清企业在各条产业链中的定位，有助于企业按图索骥地拓展行业客户资源。

2. 此种行业的甲方企业在当地主要是何种情况、在何种场景聚集

通常来讲，甲方企业作为当地产业的组成部分，也会寻求与当地产业内部的更多合作。行业协会、产业展会、交流会、采购会等，都是乙方企业接触甲方企业的契机所在。此外，产业园、软件园、行业聚集街区等，对于乙方企业而言，也是便于开展客户拓展工作的甲方聚集地。

3. 需要接触甲方企业的何种管理者

B2B交易相对于B2C交易而言，其每单成交金额无疑更大宗、成交流程更复杂。因此，通常情况下甲方企业对B2B类型企业交易作出决策的是

其管理层。然而，管理层同样分为多个层级。不同的交易规模、不同的交易类型，甲方企业能够作出对应决策的管理者身份也千差万别。

4. 所需接触的甲方企业管理者通常以何形式聚集

甲方企业管理者具有两种属性，其一是职业属性，其二是人的属性。就职业属性而言，甲方的企业管理者可能出现在行业交流、工作场所、网络终端等地方；就人的属性而言，甲方企业的管理者可能出现在与其个人经济水平相匹配的场合，如楼堂会所、爱好交流场所、车友会、兴趣组织等地方。

5. 所需接触的甲方企业管理者通常以何形式接收信息

作为寻求合作的乙方企业，通过媒介手段使信息到达甲方是其惯用的营销手段。因此需要从甲方企业管理者的信息接收习惯分析应当以何手段进行信息的发布和传递工作。

3.1.3 以数量求成交

通过分析确定了基本的客户拓展方向后，应当立即制订客户的开发计划。开发计划，分为主动开发和被动开发，主动开发即制定所需接触客户或潜在客户的清单，逐一进行主动的拜访工作。被动开发则是利用网络工具如SEO、DSP、百度百科等形式推介自身的官网、信息等，以此提高企业信息被目标客户群体检索到的概率。

无论是主动开发计划还是被动开发计划，其本质都是以足够的客户接触量为基础，从而寻求乙方服务介入甲方企业的商业契机。

在制订主动开发计划时需要注意以下几方面问题。

1. 拜访形式制定

拜访形式多种多样，包括电话拜访、上门拜访、网络拜访等。企业经营者需要根据企业把握的客户资源进行拜访形式的选择。需要注意的是，如寄希望于拜访工作能够持续有效地产生客户，那么必须选定一种拜访形式作为核心方式并基于此形式建立相关的业绩要求。

2. 拜访基数需求

显而易见的是，通过拜访获取订单的可能性是有限的，因此需要通过所需的订单数量与预期的拜访成功率进行倒推。举例来说，预期每月与2名新客户有业务成交，且预计拜访成功率在10%左右，则当月拜访基数应至少在20名。制定出拜访基数后，再对企业内部有责任开展业务拜访的人员予以对应的分配计划。

需要注意的是，拜访基数的制定应当建立在以下两个前提上。

一是企业确实缺乏可持续承揽的业务资源。在企业拥有可持续承揽的业务资源之后，客户拓展工作的重心自然会有相当大部分转移到现有客户的需求挖掘与需求消化上，一味追求客户拜访数量反而有可能损害正常业务的消化。

二是企业存在以业务承揽为核心任务的团队。拜访工作与其他工作的最大区别在于，拜访工作多发生在企业办公区域以外，往往与常规的行政管理制度相冲突，管理难度大。同时，开展拜访工作的团队薪酬体系也往往与开展其他工作的团队有所差异，需要以特殊的薪资模式进行有效鼓励。因此，如企业不能建立一支以业务承揽为核心任务的团队，只寄希望于非业务承揽团队开展潜在客户拜访工作，则很难形成制度化和持续化的机制。

3. 时间成本差异

企业经营者、管理人员、普通员工的时间成本是有所差异的，因此在潜在客户的拜访计划上，需要考虑到企业各个层级人员的时间成本最低化。

通常而言，初创企业经营者的工作负担最为繁重，管理人员次之，普通员工再次之。因此从可利用时间上来说，企业经营者的可利用时间较少，能够拜访潜在客户的时间有限。然而，企业经营者的对外话语权最大，社会地位最高，管理人员次之，普通员工再次之。对外话语权越大社会地位越高，这能够增加潜在客户沟通的成功率。

因此，一般而言，在企业拥有客户拓展团队的情况下，潜在客户拜访基数任务应当主要由企业的基础员工承担。在潜在客户表现出一定意向后，再由企业经营者或管理人员进行跟进，以此降低企业的综合时间成本，提升企业拜访沟通的成功率。

4. 被动开发控制

被动开发，指的是企业通过媒体形式发布自身推广信息，使更多客户通过搜索、咨询等形式与企业产生接触。与业务团队主动出击不同，B2B类型企业通过媒体发布信息而获得业务的形式是相对被动的，因此被称为客户的被动开发。在制订被动开发计划时需要注意以下几个问题。

（1）被动开发的成本控制

被动开发计划通常会带来一定的企业成本负担，无论是网站建设、网络推广还是黄页刊录、114查询，每种形式都带来不菲的企业开支。因此被动开发计划尤其需要量体裁衣。

因此，需要考虑预期的被动开发收益与被动开发的支出是否相匹配。在企业创办初期，市场拓展的重要性固然大于企业盈利的重要性，但仍需考虑推广的费效比问题。因此，需要根据目前行业进行企业推广的普遍收益情况决策如何开展企业推广工作。

（2）被动开发的信息源质量

被动开发工作是通过各种媒介渠道让企业信息更易于被检索。然而，检索只是甲方寻找乙方的环节之一，在客户检索到服务商信息后，会对服务商信息进行查看，信息质量的优劣直接影响到被动推广工作的效率。因此，在开展被动开发工作前，建立起好的信息源十分重要。

信息源包括基于网络检索的信息源（官方网站建设、推广页面建设等）与基于电话检索、广告检索的信息源（定制电话彩铃、电话话术、产品表现等）等多个层面的内容。

（3）被动开发的跟进工作

被动开发包括企业信息推广、来电来访客户收集和跟进成交三个部分。但是如果只有信息推广，而没有好的客户接待及跟进机制，不仅不能够拓宽企业业务，还有可能使客户对企业产生负面评价，影响企业的后续发展。因此，被动开发的跟进工作就显得非常重要。

在客户接收到企业信息并与企业进行联系的过程中，谁负责跟进工作、跟进工作如何开展都是至关重要的问题。企业经营者不仅需要明确责任归属，也需要制定相关的配套标准，如电话话术、报价体系等，以实现客户跟进工作的标准化。

3.1.4　以口碑促介绍

由于甲方转介业务的成交概率远远高于陌生拜访的成交概率。然而，在业务转介中更多的是乙方不能把控的甲方行为，因此乙方只能通过客情工作促进甲方之间的业务转介。能够促进甲方转介的客情工作包括以下几个方面。

1. 促进客户对企业服务内容的全面了解

一般而言，企业可提供多种不同类型的服务。然而客户通常只采购了其中的部分服务，对企业的认知往往具有片面性。

因此，企业需要促进客户全面了解企业的服务内容。客户对企业服务内容的全面了解，不仅有助于企业进一步深挖甲方业务，还有利于提升客户进行业务转介的概率。

2. 通过回访工作提升客户评价

一般而言，即使在客户项目得到妥善消化的情况下，客户也较少主动对企业作出正面评价。回访工作可以增加客户对企业的积极评价，深化客户对于企业的正面印象，在客户对企业的正面评价到达一定水平并在有契机的情况下，客户会为企业进行业务转介。

客户回访工作的机制建设需要同时把握引导性和融洽性。引导性是指客户回访工作的目的是发现自身的不足因素，但更多是需要引导客户对企业作出正面的评价。故而在回访问卷、回访话术的设计上，需要考虑到是否具有引导性。融洽性是指，不恰当的回访工作反而容易使客户反感，因此需要在较为融洽的环境下开展，以免起到适得其反的效果。

3. 融入客户社交圈

融入客户管理人的社交圈是最为有效的促进客户进行业务转介的手段。

融入客户社交圈有利于业务转介的频率提升。企业经营者在客户社交圈的融入，必然以深度的双方互信作为前提，故而能够达成更高的业务转介概率。

融入客户社交圈同样有利于企业经营者挖掘出更多有价值的需求信息，在客户社交圈的融入中，社交圈中的潜在客户会向企业经营者传达各种信息，对于信息的筛选和判断，有利于企业经营者利用客户关系挖掘出更多的业务资源。

3.1.5 客户拓展基础办法总结

关于客户拓展的基础办法，本节主要强调了以下几个问题。

- 企业经营者需要分析客户的分布情况、聚集形式、信息接收方式等，以此制订有的放矢的客户拓展计划；
- 企业经营者需要厘清业务需要对接何等层面的客户管理人员，以提升业务的拓展效率；
- 企业需要制定足够的拜访量（包括电话拜访、面谈等）以确保有稳定可预期的业绩引入；

● 企业可通过被动开发的形式，散播自身信息以接触有对应需求的客户，但需注意被动开发成本及所选择的信息渠道质量；

● 在B2B领域，业务转介是成功率最高的业务拓展来源，可通过促进了解、进行回访、融入客户社交圈等形式促进业务的转介。

3.2 圈层资源拓展办法

3.2.1 实例故事：灵活的圈层经营者

在朋友眼中，曾桢是一名极会做生意的人，白手起家的他，只用了数年时间就让自己的公关公司成为当地的行业明星。曾桢在创业之初就加入了当地的泸州商会，凭借泸州老乡的扶持顺利解决了公司创立初期的生存问题。随后，曾桢也投桃报李，为泸州商会几个副会长的单位介绍了不少的资源，迅速在商会中积累起了人望。

然而商会并不是曾桢的全部资源，在业务发展到一定层次后，曾桢购买了昂贵的徕卡相机，加入了徕卡官方组织的摄影俱乐部，俱乐部内的许多成员都是当地成功的企业家。天性善于交流的曾桢在其中如鱼得水，许多俱乐部成员的企业都成了曾桢的客户。

雄心勃勃的曾桢为了进一步扩大自己的商业版图，报了EMBA，并迅速与EMBA高管班的多名高级职业经理人打得火热，受到EMBA高管班同学认可和帮助的曾桢很快成为几家大型企业的服务商。

正巧，曾桢之前服务过的一名政府官员正在开展招商引资工作，却由于缺乏沟通渠道，工作一直没有进展。曾桢得知消息后，将EMBA高管班同学中一名颇具实力的企业家介绍给了这名官员，曾桢作为中间人受到当地政府副市长的会见。随着同学项目的引入，曾桢受到当地政界的重视，成为了当地各局各委的座上宾，而曾桢的公司也迅速囊括了公关、

会展、文创等领域的项目，并成为当地会展协会的副会长，成为当地举足轻重的人物。

在上一节中，本书阐述了如何在公司初创阶段制订从无到有进行客户拓展的计划。然而，由于B2B类型企业服务及产品的定制化程度较高，且需要较深的客户信任才能有稳定的成交预期，因此对企业经营者或企业的主要经理人而言，将主要精力投入到客户的陌生拜访中有可能造成管理精力的浪费。

那么，怎样的业务拓展方式更适合于企业经营者或企业的主要经理人？通过对B2B类型中小企业的观察可以发现，该类企业通过公司中高层进行市场拓展的模式主要为圈层拓展。

3.2.2 什么是圈层

所谓圈层，即以某一目的聚集的、有一定稳定性的社交圈或社交组织。由于圈层人群具有类似性，因此通过圈层进行业务拓展的企业可以通过圈层来持续地挖掘业务来源，以此实现企业的可持续业务拓展。

通常而言，可以利用的圈层资源包括以下几种类型。

1. 亲属资源

亲属是企业经营者最为稳固的人际关系，而具备商业价值的亲属资源对企业经营者来说更为可靠、更能持续。因此企业经营者需要审视亲属资源的商业价值，并尽力让其发挥效用。

2. 同学或前同事资源

同学是企业经营者的良好业务来源之一，良好的同学人际关系可以为企业经营者带来一定的商业收益。此外，企业经营者多有在行业内作为职工的从业经验，因此前同事资源也能为企业带来一定的商业收益。

3. 商会资源

商会是普遍存在的经济交流与协作的组织，可分为以行业交流协作为组织依据的协会和以地缘因素作为组织依据的商会，其构成成员主要以各行业或各地企业家为主。目前不少商会组织会在商会内提供资金交流、行业交流、业务拓展等相关平台性会议或展会，同时政府机构也会对一些商会有所扶持。因此，商会对中小企业而言是较有价值的圈层平台。

4. 党派资源

由于我国政治协商制度的存在，国内具有参政议政资格的各个党派均为开放且有频繁交流活动的组织。执政党及民主党派分别在政界、商界、学界等各个领域有较强的影响力和号召力。因此，企业经营者及经理人利用自身的党派属性，亦可在党派圈层内有所收获。

5. 兴趣资源

因为不同的兴趣爱好有不同的消费力需求和知识需求，因此可以认为，兴趣爱好也具备一定的经济属性和社会属性。所以，以兴趣爱好聚集起的人群，也有相对应的经济属性和社会属性。因此，通过特定的兴趣爱好圈层，如兴趣协会、兴趣组织等，也有机会达到商业信息搜集和业务拓展的目的。

3.2.3　融入圈层的技巧

由于圈层是人与人之间的社交组织，并非企业与企业之间的经合组织，因此在圈层交流中“人”的属性大于“企业”的属性。因此，在圈层交流中，人可以作为企业的代表，而企业不能作为人的代表。尤其在爱好、党派等圈层的社交中，交流的逻辑一般是：企业之间的合作也许并非是圈层成员所关注和探讨的主题，但是他们在圈层中所认可的人，是可以进一步开展企业合作的。

需要注意的是，在一些特殊的圈层中，表现出的企业合作诉求过于直白，可能招致其他圈层成员的反感。“要做事，先做人”依然是圈层社交中不变的法则。在取得圈层中目标人物的充分信赖之前，不宜过早强调自己的利益诉求。

与所有社会组织一样，圈层内部的话语权也是有所不同的。作为企业经营者，在刚刚进入圈层之际，往往不会拥有太多的圈层话语权，也常常难以立即得到圈层内部人员普遍的认可和信赖。因此，业务拓展者需要在圈层内通过一定的技巧提升自己的话语权，并增进圈层成员对于自己的信任度。具体的技巧包括以下几种。

1. 争取圈层组织职务

就圈层组织本身而言，往往存在“成员富，组织穷”的特点。因此某些圈层组织由于需要活动经费，常常对赞助者开放一些名誉性职务，例如地方商会的副会长、理事长、理事等圈层职务，均可通过缴纳一定金额的会费进行“购买”。通过购买圈层组织职务获取话语权，不仅可以快速切入圈层组织内部，同时还可以提升业务拓展者在圈层组织中活动的频率。

2. 与高话语权的人一起出现

圈层组织中，话语权是不平衡的，因此在初入圈层时，如能与拥有较高话语权的圈层成员一起出现，自然能够提升业务拓展者在圈层中的地位。

3. 做一个人脉撮合者

事实上，在圈层社交中，圈层成员普遍带有一定的利益诉求。因此，在长期的圈层社交中，业务拓展者不仅有自身的诉求，也在不断了解他人的诉求。解决他人的诉求，是与之建立良好合作关系的有利开端。业务拓展者需要注意的是，此方的利益诉求往往能够切合彼方的利益诉求，恰当地撮合此方和彼方能够为自己制造更多的商业机会。

4. 同业协作亦有商业空间

在同业协会类型的圈层组织中，企业代表人之间往往同时是竞争者和合作者的关系，因此常常存在如何与同行开展合作的问题。通常而言，同业协作具有以下两种形式。

（1）项目分包

即一个综合性的项目，任意一方无法完全独自消化，就可以通过同业拆分进行消化。以商业综合体项目为例，其中包含建筑、物业、营销等多方面诉求，而营销方面又包含媒体投放、平面设计、线下公关等多方面诉求，同业圈层中的企业可以通过合作进行拆分消化。

（2）项目嫁接

项目往往具备多种价值，同一项目可满足不同客户的多种需求。即在不影响同业企业现有业务的情况下，从某一客户的需求切入，来扩大项目价值。以体育赛事项目为例，从政府承接体育赛事的企业已经获得赛事的执行经费，而为快消品服务的企业同样可以让客户为体育赛事提供冠名或赞助经费，这就带来了双方的合作机会。

3.2.4 圈层拓展手段总结

有关圈层拓展的具体手段，本节主要强调了以下几个问题。

- 业务拓展者首先需要对自己可接触的圈层进行列举分析，并根据其商业价值决定主攻圈层；
- 圈层一般自有其主题，商业诉求在圈层中的呈现不宜过于明显；
- 争取圈层职务是提升自身在圈层中地位的较好办法，在圈层获得较高地位有助于进一步发掘圈层的商业价值；
- 促进圈层中的合作有可能为自身带来新的商业机会；
- 同业圈层也有一定的合作空间。

3.3 非直接客户的观察与维护

3.3.1 实例故事：不需要发工资的“业务员”

林博文与刘少东是大学同学，在一段时间的职场磨砺后，分别创建了自己的企业。在企业经营一段时间后，林博文发现刘少东的企业搞得有声有色，承接了许多不同行业的大客户业务。于是林博文准备找刘少东学习一下生意经。

作为老同学，刘少东坦率地向林博文交了自己的底：自己承接的许多业务并非因为与大型企业有合作，而是通过中间人介绍而来。原来，刘少东认识许多媒体行业的朋友，他们手上聚集了大量的客户资源，却只能解决客户的媒体推广问题，于是刘少东与许多媒体朋友达成共识，由他们为刘少东介绍业务，然后按照一定比例与其分配利润。于是，刘少东在创业初期就拥有了许多不需要发工资的“业务员”，企业自然得到了迅速发展。

学习了刘少东的生意经后，林博文想起了自己从事会展行业工作的一位好友刘林。刘林作为当地主要会展场馆方的经理人，与众多大型参展单位有经常性的接触。林博文找到刘林，向他表达了自己想通过他认识一些大型客户的意愿，作为林博文的好友，刘林表示可以支持。于是刘林为林博文制造了不少与参展单位经理人接触的机会，林博文也把握住了机会，成为好几家大型企业的本地服务商。

在前两节，我们注意到在业务拓展过程中，企业会面临几种特殊的人群，他们并非企业的直接客户，本身也不与企业产生经济联系，却对企业有间接的或远期的推动作用。从企业发展来看，他们是企业发展过程中必不可少的伙伴。我们将此部分人群称为支持者或中介者，统称为非直接客户。

3.3.2　非直接客户的种类

1. 支持者

支持者是指其社会地位对企业有直接的或间接的帮助，且表示支持并能将支持付诸于行动，但本身与企业没有直接经济关系的人士。通常支持者对企业主要经营者有较深的信任，但自身所属行业不足以对企业业务起到支撑作用，因此支持者通常用人脉介绍、业务推介等形式表达其支持。

2. 中介者

中介者是指自身缺乏某种资源，但拥有一定规模的客户关系，通过促成客户与企业的合作并从中获取利益的人士，中介者在某种程度上等同于掮客。中介者的存在，在中小微B2B类型企业的经营中极其常见。由于中小微B2B类型企业本身业务体量有限，因此在引入业务的过程中并不“挑食”，能够接受把一定利益让渡给中介者，这就为中介者的存在提供了空间。

支持者和中介者都可能为企业提供一定的业务输送，但其区别在于：支持者会主动为所支持的某一企业寻求合作，而中介者往往通过项目来寻求与多个企业的合作。因此我们认为支持者与企业之间有更为深远和紧密的联系，而中介者与企业之间的合作则有更多的不确定性。

3.3.3　可靠的支持者来源

支持者对于企业的支持和认可，很有可能是非功利性的，对于企业并无明确的利益诉求，更多的是基于私人情感、个人认可等因素对企业表示支持。他们可能是企业主要经营者的同学、朋友、亲属、前同事等，并拥有一定的社会资源，能够作为介绍人为企业创造利益。

那么，在企业经营者广泛的同学、朋友、亲属、前同事中，哪些能够成为企业有价值的支持者？一般而言，具有以下特征的人士可能是企业潜在的支持者。

- 与企业经营者拥有较为紧密的个人关系；
- 身处能够广泛接触企业经营者所需的客户群体的岗位；
- 有一定的社会地位。

3.3.4 敏锐发现中介合作的可能性

中介者通常通过业务转包与企业开展合作，对于企业的发展有不可忽视的促进作用，因此企业经营者在企业初创时往往有必要主动寻求与中介者的合作。

通常而言，在客户资源越富集的场合，越容易出现中介者。因此企业经营者需要完成两层审视：第一是何种场合或机构聚集了较多的客户资源，第二是场合中的何等角色可以广泛接触到客户资源。通过这两层审视，企业经营者可以有效地寻求到中介者作为合作伙伴。

一般情况下，各大商会协会、贸促部门、媒体机构、招商组展单位等是为企业扮演着纽带角色的组织，能够聚集起大量的客户资源，而其中开展外联工作的相关人员，都有成为中介者的潜质。

当然，需要注意的是，就政府单位或事业单位而言，某些中介行为是不被法律和内部机构许可的，不恰当的中介行为会被认定为权力寻租。如果项目的中介行为触犯到法律，那么中介者自身固然难逃法律的制裁，企业经营者也有巨大的法律风险。因此企业经营者需要规避在寻求中介者的过程中可能面临的法律问题，并在相关政策法规的规范下合理合法开展相关工作。

3.3.5 将支持者转化为中介者

企业经营者需要注意的一点是，“免费”不见得对企业经营有益，“免费”意味着合作方不受利益的约束，因此在合作成效和合作规则上往往无法把控。支持者的无条件利益输送固然对企业有益，然而要使支持者的利益输送实现常态化和稳定化，那么适度的利益捆绑是行之有效的方法。

企业经营者将支持者转化为中介者，需要根据实际情况，制定企业自身可负担的利益分配方案。企业经营者主动的利益让渡，也能够进一步加强互信，从而促进合作者对企业更持续、更频繁的业务输送。

3.3.6　达成与中介者的利益联盟

建立与中介者的利益互信。中介者虽拥有一定客户资源，但往往自身并不拥有企业，需要通过其他企业完成业务消化、款项结付等环节，因此客户安全、服务质量和资金诚信是中介者最为看重的三个问题。

1. 客户安全

客户安全是指，出于长远利益考虑，中介者将会规避客户越过自己直接和第三方合作的行为，来确保中介者自身的客户资源安全。

2. 服务质量

由于客户需要通过中介者与第三方开展合作，因此在中介者的客户看来，第三方的服务质量等同于中介者的服务质量，因此中介者需要保障第三方的服务足够优质，以免造成客户的丢失。

3. 资金诚信

资金诚信也是中介者所关注的重点，由于中介者转包的业务往往由客户和第三方直接签署协议，客户直接向第三方结付费用，因此第三方在收受款项后如不按承诺与中介者进行分配，无疑是中介者的重大损失。故而中介者会寻找拥有充分互信基础的第三方开展合作。

除以上的核心问题外，企业还需在保证自身合理利润和资金安全的情况下，满足中介者的成本需求。作为中介者，自然希望以更低的转包成本完成业务的消化。转包成本包括两方面：一方面是常规成本，即企业对中介者的报价，通常中介者会寻求质量可靠且价格更低的企业进行转包合作来扩大自身利益；另一方面是资金成本，也就是前期所需的项目支出，中介者与企业之间如何分摊比例的问题。中介者会通过对常规成本和资金成本两方面的综合考虑，寻求合适的企业作为合作伙伴。

3.3.7 非直接客户观察与维护总结

有关非直接客户的观察与维护，本节主要强调了以下几个问题。

- 在B2B领域的经营中，存在并不直接产生经济往来但可能有助于商脉拓展的客户，我们称之为非直接客户；
- 非直接客户分为支持者和中介者，前者与企业的合作往往是非功利性的支持，而后者与企业的合作通常是功利性的；
- 中介者一般广泛分布于与甲方企业合作的相关机构，通常具有较为广泛的商脉；
- 为了合作的长期性，企业经营者有必要将支持者转化为中介者；
- 客户安全、服务质量、资金诚信是中介者在与企业合作过程中最为关注的内容。

3.4 不同客户及项目的商业价值审视

3.4.1 实例故事：“势”与“利”的关系

田言臣和黎城曦是多年的同事，后来在同一行业分别创办了各自的公司。黎城曦在业务开发的过程中发现，许多业务本身利润很低，甚至不足以覆盖团队的开支，于是放弃了这些业务。后来，黎城曦得知自己放弃的不少业务都被田言臣所承接。

开始黎城曦对田言臣承揽的这些业务不屑一顾，后来黎城曦发现，田言臣的公司发展得很快。黎城曦感到很纳闷，明明这些被自己放弃的业务并无多少利润，白白耗费人力不说，如果成本控制不好，甚至还有亏损的风险，田言臣是如何在承接这些业务的同时实现公司的发展的？于是黎城曦决定以老同事的身份约田言臣喝茶聊天，准备向田言臣取一点经。

田言臣对自己的生意经毫无保留。原来，黎城曦放弃的一些业务利润虽低，却有许多来自知名的跨国企业，田言臣的公司初创时缺乏名气和口碑，便承揽了这些低利润的业务。虽然利润极为有限，但是和跨国企业合作过的田言臣很快作出了一些成功案例，在行业里形成了一定的口碑，并承揽了许多其他的业务。除此之外，田言臣还发现，虽然跨国企业有成熟的成本控制体系，导致业务利润很低，但却是一个稳定的业务来源，在公司淡季时不失为一个有力的业务补充，也能够起到锻炼团队的作用。

黎城曦听后恍然大悟，于是开始降低利润，在当地争取更大的市场份额。然而几个月的尝试后，虽然业务做了不少，但是并没有什么收益，于是他又向田言臣讨教。原来，虽然田言臣会以低利润承揽一些生意，但总会进行正常的报价，在需要降低利润时，再在不改动单价的情况下直接对总价进行调整以示优惠，并和客户进行充分沟通，让客户了解到本次项目利润很低。这样，在一些项目需要保证正常利润的时候，客户也能够理解，从而形成了“以丰养歉”的业务机制。而黎城曦直接给到客户下降利润后的单价，让客户认为黎城曦的正常报价就是如此，从而损失了议价空间。

田言臣总结道，项目承揽，其中有“势”也有“利”，有时候需要弃势取利，有时候需要弃利取势，这是作为生意人必须要把握的要点。

B2B类型初创企业由于行业类型和经营状况的不同，企业发展的需求也千差万别，可大致归纳为抢占市场、提升口碑、实现盈利这几种初期目标。对于自身资金充裕、目标较为远大的企业而言，可以在不考虑盈利的情况下抢占市场份额；对于自身资金紧张的企业而言，短期盈利则是不得不考虑的重点；对于在创业早期已经具备一定资金实力和既有客户的企业而言，会更看重口碑的提升所带来的经营可持续性。

3.4.2 如何评估不同客户和业务的商业价值

对于企业而言，不同客户和业务对企业的价值也不尽相同。正确地评估各个客户和项目的价值是企业经营者所必须具备的技能之一。因此，具有各种不同短期经营目标的企业经营者需要了解的是：在企业现阶段，企业更需要客户和项目的何种价值，并以此对业务拓展计划、项目取舍和重点客户把握等工作作出相应的调整和安排。

通常而言，客户和项目对企业的经营意义有以下几方面。

1. 盈利意义

当客户或项目能够为企业带来足够的营业额和毛利率时，则可视为具备盈利意义，大多数客户或项目对于企业而言均具备盈利意义。

2. 口碑意义

当客户或项目自身具有较大的正面影响力时，与其合作将对企业的口碑起到一定的积极意义，有助于企业承揽其他业务，可以认为该客户或项目具有一定的口碑意义。口碑意义通常是长期性的，对于企业的持续发展和对外宣传均有所帮助。

3. 市场意义

当客户或项目有助于企业占有更大的市场份额时，则认为其具备市场意义。在经营良好的情况下，市场意义可以转化为更大、更广泛的盈利意义，因此许多具备一定资金实力的企业在发展初期会放弃一定利润来拓展市场份额。

3.4.3　客户价值与项目价值的区别

与通常认识的不同，大客户并不一定带来大项目，大项目也不一定来自大客户。因此仅仅从单个或数个项目判断客户价值会显得缺乏参考性。事实上，我们在考虑客户和项目价值的时候，往往应当列入思考的是以下几点。

1. 是否可持续

客户是否能够持续地为企业带来项目，是判断客户价值的一个重要指标。对于初创企业而言，拥有一个业务资源丰富且稳定的客户无疑能够大大降低企业的经营压力。

2. 是否加重了企业负担

这里的企业负担主要包括三点：资金负担、团队负担、工商负担。

所谓资金负担是指业务引入后面临的垫款问题和回款周期问题，企业经营者需要基于企业的实际资金情况评估企业是否能够负担。

所谓团队负担是指项目消化对团队造成的额外负担。项目的承揽和消化自然会带来一定的团队负担，但某些项目的消化需要企业扩大经营规模和团队规模，这就为企业带来了额外的团队负担，使企业的人力资源支出超出预期。

所谓工商负担是指项目承揽是否需要企业进行增资、小规模变更为一般纳税人、改换营业地址等工商注册信息变更。需要注意的是，由于一些工商信息变更涉及企业的纳税比例问题，因此工商负担也有可能会转化为资金负担。

3. 是否有利于其他业务承揽

此条类似于对项目口碑意义的考虑，其不同在于，口碑意义往往只局限于客户和项目本身对其他潜在客户的正面影响力，而此条所考虑的内容还包括承揽业务所能够带来的商脉拓展的可能性。

4. 是否有足够利润

项目可以带来的利润率和利润额都是企业经营者需要考虑的问题。一般而言，企业需要在项目中获得足够的利润率或利润额，但在特殊情况下，企业经营者需要权衡项目利润与上述的其他因素之间孰轻孰重，以作出取舍和平衡。

3.4.4 如何在“势”与“利”中取舍

通过以上的分析，我们可以发现，客户及项目的价值，可以大致概括为“势”与“利”。“势”指的是能够促进企业远期发展的方面，如更稳定长期的业务输入、更有影响力的业绩等，都可看作“势”的方面。而“利”指的是有助于企业实现当下盈利的方面，如更小的企业负担、可观的现金收益等，都可看作“利”的方面。

“势”与“利”的取舍不是绝对的，不同发展阶段和不同具体情况的企业对两方面的平衡也不尽相同，但一般而言有以下几点。

- 在能够享有合理利润的情况下，应寻求长期的合作；
- 服务型企业尤其需要标杆性的业绩以助力口碑的形成，为此可放弃一部分利润；
- 长期放弃利润而追求客户圈层的拓展并不可取；
- 增加工商负担的项目需要慎重考虑，可能影响到企业未来的长期税负；
- 需要团队扩大规模方能承接的项目，需要考虑项目利润是否足以支撑，以及其长期性；
- 放弃利润抢占当地市场份额前，必须有市场份额转化为利润的可执行方案；
- 由于客户过于苛刻的条件造成项目可能存在重大资金风险的，应当放弃项目承揽。

3.4.5 客户“势”与“利”观察的总结

有关客户“势”与“利”的判断和评估，本节主要强调了以下几个问题。

- 能够促进口碑效应和市场效应的客户或项目，能够助推企业发展之“势”；
- 能够保有足够利润的客户和项目，能够帮助企业积累发展之“利”；
- “势”和“利”是业务的两面，企业经营者需要观察项目究竟能为企业带来何种收益，此种收益是否是企业所需要的；
- 因此，企业须对客户价值和业务价值进行区别判断，从持续性、企业负担、业务承揽的有利性、利润足够与否等多个层面进行分析；
- 企业应根据自身的实际情况对业务的“势”和“利”进行取舍。

3.5 需要拒绝的业务类型梳理

3.5.1 实例故事：需要拒绝的业务

蒋琳的公司最近不断地陷入了麻烦之中。年初，蒋琳认识了某大型房地产企业的经理人老何，并从老何手中接到了一笔大业务，没想到的是，大业务变成了大麻烦。首先，甲方要求蒋琳在项目结束前对项目款项进行全款垫付，然而由于此笔业务过大，蒋琳没有足够的现金可以进行款项的垫支，不得不为了借钱东奔西跑，好不容易才筹集了项目所需的垫付款；其次，甲方要求蒋琳承担项目过程中的一切法律风险，在项目实施过程中，有闲杂人员在甲方项目场地上跌倒受伤，原本蒋琳的公司并无责任，然而甲方却要求蒋琳的公司负担相关的民事赔偿；最后，蒋琳好不容易做完了项目，甲方却迟迟不支付项目款项，蒋琳一看合同，上面对于甲方付款违约缺乏相对应的违约责任和违约惩罚。

蒋琳不得已向甲方发出了律师函，然而甲方的法务部门却表示，合同上约定了如双方有争议，须在甲方所在地的人民法院解决争议。于是蒋琳陷入了常常奔波五百多公里打官司的困境，导致公司的日常事务几乎陷入瘫痪。

客观而言，我国的市场经济还有不成熟的部分，各种法治漏洞使企业经营存在诸多潜在风险。此外，由于B2B类型企业所面对的市场多为甲方市场，即甲方掌握了市场的定价权和主要的规则条款制定权，因此乙方企业可能面临的风险大大增加。

3.5.2 何种业务需要拒绝

对于企业经营者而言，对更多地承揽业务无疑是极为渴望的。然而在部分情况下，业务的承揽不一定意味着企业的发展，还可能意味着企业的风险。在此列举几种容易为企业带来较高风险的业务类型以供参考。

1. 缺乏互信的大体量业务

大体量业务对于企业而言并非有绝对的好处，在乙方垫资经营已经常态化的许多市场中，大体量业务的引入意味着企业需要垫付大量资金，在此情况下，如甲方失信，乙方将承受极为重大的损失。

尚未合作过的客户、行业口碑较差的客户、资金实力不足的客户，都有可能因双方互信不足，给企业带来极大风险。企业固然有通过法律途径解决问题的可能，但企业往往也面临取证难、诉讼成本高、诉讼耗时过长等问题，商业诉讼本身也极为影响企业的正常运营。因此面对此类客户的大体量业务时，企业可直接考虑婉拒。

2. 要求签署苛刻条款协议的业务

中小微企业一般不设置法务部门，许多企业团队在法律方面并不专业，同时对企业签署的商业协议条款也缺乏足够的重视。然而协议条款作为甲乙双方权益的基本保障，不可等闲视之，乙方尤其需要注意以下两种对企业不利的条款事项是否存在。

（1）过长的付款周期

付款周期过长无疑对企业是不利的，许多B2B类型领域的企业都是通过资金滚动流转的形式进行经营，一旦付款周期超过企业的承受能力，企业极容易出现资金短缺的问题。

（2）过高的质保金比例和过长的质保周期

过高的质保金比例和过长的质保周期，基本可以看作是甲方对乙方缺乏合作诚信的体现。质保金比例过高，固然降低了甲方企业的项目风险和资金成本，但对乙方企业而言无疑是直接的损害。过长的质保周期可能使乙方企业长期不能收款，同时加大了乙方企业的项目维护工作量。

在为甲方提供产品定制或技术开发的项目中，甲方往往要求将一定额度的费用作为质保金，在乙方提供的产品或技术正常运行一定时间后予以支付。但由于部分甲方希望以质保金为借口，尽量少地对乙方支付项目进度款项，往往将质保金的比例设置得较高，或将质保周期设置得过长，这样的情况对乙方明显是不利的，企业经营者应对此种质保金比例和质保周期要求进行抗辩。

3. 评审结算的标准不明或须考核乙方的不可控因素

评审结算是较为常见的结算方式之一，在评审结算中，甲方将对乙方的服务结果进行评审，并以评审结果进行费用支付。按项目评审结果进行结算，需要有成熟、合理、公平的评审机制，然而甲方由于掌握了评审话语权，往往在协议条款中不描述或模糊描述评审标准，这就容易造成评审缺乏统一标准，容易损害乙方利益。

此外，评审结算的内容，必须是乙方应当负责并可控的内容，如违背这一原则，则乙方可能无法完全把控要面临的项目风险。例如，作为影视制作团队，能否完成甲方的制作任务是可控的，甲方的影片能否在院线上映则

是不可控的，不应以影片在院线上映与否作为甲方对乙方的结算标准。

4. 甲乙方违约代价不对等

企业在服务大型企业的过程中，甲方企业由于经营规模庞大，往往有专业的法务部门，其法务部门也会就服务采购拟定格式合同要求乙方遵守并签署。需要注意的是，格式合同往往只体现甲方利益，有失公正平等，其中最重要的体现是甲乙双方的违约代价约定经常是不对等的。

例如，在甲方提供的格式合同中，对乙方服务的要求往往相当苛刻，当乙方不能如约按期按质推进相关工作时，则可能需要支付给甲方不菲的违约金和赔偿款。而如甲方不能按约定及时付款，或不履行合同商定的其他义务时，往往缺乏对乙方的救济条款，或不写明甲方的违约责任。这就形成了乙方违约代价巨大、甲方违约毫无代价的合同倾向。此类型的条款基于公正平等的原则是必须加以修改的，如甲方不同意修改，则乙方应放弃本项业务或考虑其他救济手段。

5. 要求在甲方所在地人民法院解决争议

甲方拟定的争议解决条款中，往往要求如发生争议，在无法通过协商解决的情况下，须在甲方所在地人民法院进行争议解决。此条款实际上背离了合同的平等性原则，提升了乙方的诉讼成本。因此对于此类型条款，企业应予拒绝或在合同中添加相对应的救济条款。

6. 甲方过于强势且缺乏专业水平的业务

在中国目前的市场环境下，乙方企业在项目执行过程中，往往缺乏话语权和抗辩空间，如果缺乏甲方的理解和支持，乙方常常会被迫背负甲方的责任，出现类似于以下的项目结果：

甲方决策后要求乙方执行→乙方认为决策不合理但沟通无效→乙方按甲方决策执行→项目出现问题→乙方不能有效抗辩→乙方被迫承担相关损失。

因此，企业需要预计的是，过于强势且不专业的甲方，可能剥夺乙方的建议权利，造成项目的实施风险，而当问题出现时，甲方往往又会剥夺乙方的抗辩权利，逼迫乙方承受相关损失。

7. 甲方通过协议对乙方进行法律风险转嫁

中华人民共和国相关法律法规对某些事项明确规定了甲乙方的相关责任归属。例如《中华人民共和国广告法》中就明确规定，企业投放广告出现版权纠纷或违法信息的，应由投放企业承担主要责任，一般情况下广告公司不承担相关责任。

然而，甲方为了降低自身风险，往往通过要求乙方放弃某些法定权益来承担一部分甲方风险。这时企业经营者则需要进行评估，甲方所让渡的风险乙方自身是否应当承担，有无其他条款的救济，如果在无救济的情况下承担，企业是否能够承受。如甲方条款明显超出乙方企业的风险预期，则企业应当拒绝此类型的条款。

此外，如业务与现行法律法规有所冲突或现行法律对业务内容违法与否界定模糊时，乙方企业就此项目与甲方达成合作本身具有极大的法律风险时，合法合规经营的企业应当直接拒绝。

8. 现有企业实力无法承揽的业务

企业的资金、团队、技术规模和档次，都决定了企业能够承揽何等规模的业务。一般而言，企业无法承揽的业务也可按此归类：其一是由于企业资金实力不足，导致不能按项目需求进行款项的垫支；其二是由于团队规模和档次不足，不能消化较大或较高层次的业务；其三是由于企业技术储备不足或资质限制，不能消化技术需求或资质需求较高的业务。

企业承揽超出自身实力储备的业务，往往给企业带来以下损害。

（1）企业为解决资金不足，需要开展融资工作，然而中国融资成本相当高昂，不仅进一步压缩了企业的利润，还有可能因多种不可控因素导致企业资金的全面崩溃；

（2）企业承揽超出自身团队规模和档次的业务，通过人员的扩充和提升解决业务的消化能力，原则上来说是可行的。然而项目通常不会给企业预留人力资源扩充的缓冲期，故而企业在实力不足的情况下强行消化业务，一旦业务消化不成功，企业将承担巨大的违约责任；

（3）企业承揽超出自身技术、资质规模和档次的业务，也会提升自身的违约风险。同时，在缺乏相关行业资质的情况下承揽业务，本身就是违法且有失诚信的行为，企业所面临的法律风险和口碑风险都是极为巨大的。

9. 回款周期影响企业运营的业务

回款周期过长的损害在之前章节已有讲解，此处不再赘述。

3.5.3 风险的转移

如企业承揽了自身需要承担较高经营风险的业务，则可考虑通过各种手段完成风险的转移。转移项目风险的手段和技巧包括以下几种。

1. 通过项目关键节点转移风险

项目推进的过程中，可分为两种情况进行审视：其一是乙方对甲方依赖性较强的节点，其二是甲方对乙方依赖性较强的节点。例如，合作达成后，在项目实施的最紧要阶段，甲方往往难以承受项目中止的损失，因此在此节点可满足乙方的一些合理要求。因此，项目运营过程中，可通过补充协议对既有协议进行补充和修改，以实现项目风险的转移。

2. 通过外包转移风险

企业在承揽甲方业务过程中，由于协议条款苛刻，导致项目风险过高，可通过项目的二次外包将风险转移给第三方。此种解决方案的优点在于将甲方强加的部分风险通过寻求合作让渡给了第三方，企业本身承受的风险较小，而缺点在于增大了项目管理的难度，增加了项目的不可控性。

3. 通过付款节点转移风险

如甲方在协议条款中有明显不平等的条款出现，而乙方被迫接受，则可考虑在项目消化过程中，借助付款节点转移风险。由于在甲方阶段性付款后，乙方的前期款项已经得到支付，而甲方的委托项目尚处于实施过程中，无法更换服务商或中止项目，因此此阶段的乙方拥有较强的谈判能力。

这种转移风险的方式多出现于甲乙双方约定以阶段支付模式进行款项结算的项目中。在此结算模式下，乙方可及时收取到前一阶段款项，并评估项目各个阶段的风险，在风险较高的阶段开始前，对甲方施加压力，要求签署补充协议或重新签订合同，以实现风险的转移。

3.5.4　风险业务处置方式总结

有关风险业务的处置方式，本节主要强调了以下几个问题。

- 企业在经营过程中需要评估业务风险，如风险过高应予拒绝；
- 企业应从法律、消化能力、协议约定等多个角度确保合作风险在可控范围内；
- 如企业承担了较高的业务风险，则可利用项目关键节点、付款节点和外包的形式转移风险。

3.6　如何避免客户信息纠缠

3.6.1　实例故事：混乱的客户沟通

与客户的沟通能够有多混乱？某通信工程公司的万勇最近算是长了

见识。与国内某个大运营商合作的万勇参与了一个地级城市基站建设的工作，甲方原本指定了专门的项目对接人，然而由于项目本身牵涉的部门较多，而且实际上与万勇进行对接的所有甲方人员都把自己当成了项目的决策者，无数自相矛盾的指令不断传递到万勇的公司，使万勇不堪其扰。无奈之下，万勇只得就沟通问题与甲方管理层召开了专项会议，要求在此后的沟通中甲方能够汇总好信息并给出统一的决策。

万勇的朋友老唐是某公关机构的负责人，他也吃过不少因为客户信息混乱造成的亏。在一次大型公关活动中，甲方人员临时对老唐提出了现场的整改要求，于是老唐立即按照甲方人员的意见进行了现场布置的调整。然而活动结束后，老唐的公司却受到了甲方的批评，他们认为老唐在未经甲方许可的情况下，擅自调整了现场的布置方案。老唐觉得很委屈，但是甲方却认为，老唐在没有收到甲方决策者确认的情况下，直接根据甲方普通员工的意见就进行了调整，这完全是老唐自己的问题。

万勇和老唐非常郁闷，不管是甲方的领导，还是甲方的一般工作人员，都在不断向他们传递信息，一旦接收到错误的信息，这个“锅”最终还得他们自己来背，实在是太不合理了。

在项目接洽与消化的过程中，乙方企业往往会接触到甲方企业内部的多个项目管理者。实际上，甲方企业内部的各个管理者对乙方企业传递的信息往往并不一致，也常常并不正确，因此乙方企业的经营者需要在纷繁的客户信息中筛选出最具效用的信息，从而降低项目的实施难度和企业的责任风险。

3.6.2 何谓客户信息纠缠

甲方企业在与乙方企业的沟通过程中，如果缺乏充足的沟通经验和良好的沟通机制，会出现由于同一事项由不同人员反复交代导致的传递信息冗余和信息矛盾、缺乏信息的综合机制造成信息丢失和甲乙双方由于沟通问题不能了解项目的推进全貌等情况，这些都属于客户信息纠缠。一般而言，客户信息纠缠包含以下几种情况。

1. 多对一沟通，造成信息不统一

多对一沟通指的是甲方企业多个人员就同一事项对同一乙方企业人员进行沟通，因甲方人员内部意见未能达成一致，因此传递给乙方的信息往往有所差异，或因甲方人员的意见修正未能及时完成内部沟通，造成此一人向乙方传达了原有意见，彼一人又向乙方传达了修正意见。诸如此类的情况都有可能造成乙方在项目消化过程中出现问题。

2. 一对多沟通，造成信息传递冗余或丢失

所谓一对多沟通指的是甲方企业的一个人员就某一项目对接乙方的多个人员，就各事项与乙方分别开展沟通。一对多沟通，实际上是因为乙方未能形成良好的内部统筹机制，而甲方负担了项目的统筹沟通责任，这容易使乙方企业内部不能完整地理解该项目，造成沟通信息的冗余或丢失。

3. 多对多沟通，造成信息不畅或错误

所谓多对多沟通指的是甲方企业的多个人员就某一项目与乙方的多个人员进行分别沟通。此种形式的沟通更为复杂，甲乙双方都难以把握项目的完整状况和需求，极容易导致沟通失误。

3.6.3　如何避免客户信息纠缠

客户信息纠缠极容易出现在快速发展的中小微企业中，一方面，企业从制度和组织架构、员工培训方面，还未能适应繁琐的业务沟通工作；另一方面，企业的快速发展在实际上又带来了极为繁复的沟通工作。因此，企业需要从客户认知、机制设计两个方面来解决客户信息纠缠的问题。

1. 深化对客户的认知，提升沟通有效性

对客户的认知不深入、不全面，极容易造成无效沟通。如相关反馈未能传递到客户的关键岗位、客户非关键岗位的意见实际指导了项目执行、对多个客户意见不知如何权衡等，都是常见的无效沟通。因此，企业经营者需要与团队共同注意以下几点。

（1）厘清客户的职务层级

了解项目中参与沟通的甲方企业人员的职务高低，是沟通过程中需要了解的首要信息。一般而言，甲方在重大外包项目中的权力分配模型有以下几种。

① 总负责人：一般为甲方高层，总经理或分管副总

总负责人往往只总体把控项目的预算、供应商选择和大体进度，一般不直接把控项目细节。在项目确定外包后，他们较少进行项目消化方面的沟通工作。乙方企业有可能在项目消化过程中接触到项目的总负责人，但有时根本接触不到项目的总负责人。

② 项目服务采购负责人：一般为甲方采购部门或招标委员会

项目服务采购负责人主要负责在总体费用预算下，开展供应商选择和询比价的具体操作，对预算上限并无决策权，但有权利决策或建议供应商的选择。项目服务采购负责人一般不直接负责具体管理项目，但有可能负责项目费用的支付。

③ 外包项目管理负责人：一般为主导部门的负责人

外包项目管理负责人通常是乙方企业在项目消化中所接触到的最关键的角色，也是项目日常沟通中权力最大的角色。他们负责各个相关部门的沟通协调工作、项目具体事项管理工作、决策项目的具体实施方案，还负责项目服务的质量评估和具体预算支出的确认，也可能扮演项目服务的采购负责人角色。

④ 外包项目管理执行人：主导部门在项目中的核心员工

项目推进过程中具体事务的执行负责人一般作为外包项目管理负责人的全部或部分权利代表，与企业开展沟通工作，通常是乙方企业最经常接

触的甲方人员，其决策权有限，但在项目中拥有不容忽视的话语权，他们的意见往往能够左右项目的具体实施，其反馈意见也能够受到其领导的重视。

⑤ 外包项目管理协助人：主导部门在项目中的一般员工

项目推进过程中一般性非重要事务的对接人，由于缺乏项目具体实施内容的决策权，在未向外包项目管理负责人汇报前所作的决定有一定概率被否定。因此，对其提供的决策或意见需要审慎对待。

⑥ 项目配合事项负责人：关联部门的负责人

由于甲方企业的外包项目可能不仅仅涉及单一的部门，也涉及其他部门，其他部门的负责人在项目中可能起到支持和配合的作用，在沟通中拥有较高的职务，但一般不享有对具体事务的决策权。

⑦ 项目配合事项执行人：关联部门的一般员工

甲方企业的其他部门中支持配合该项目工作的执行者一般不享有对具体事务的决策权或话语权，但由于项目与其关系不大，因此在支持配合中常出现拖沓敷衍的情况。

除了解以上甲方企业一般的项目权力分配规律外，还需对甲方企业中存在的特殊情况进行了解。事实上，各个甲方企业的权力构成往往是千差万别的，了解其在项目中的决策权、话语权、预算编制权、决算支付权归属，能够对乙方企业起到极为重要的指导作用。

（2）知晓客户的职能划分

客户的职能划分在一定程度上等同于客户的权力分配，但也不尽然。例如，就上文所述的外包项目管理执行人角色，就有可能不止一人，而是由多人担纲不同类型项目事务的管理。具体负责项目的乙方统筹者可能对其分工较为熟悉，但乙方企业的一般工作人员可能由于对甲方工作人员的分工缺乏认知，因此往往在沟通中出现问题。

因此，乙方的项目统筹者需要知晓客户的职能划分，并将各个甲方人员的姓名、联系方式、负责内容、决策及话语权情况告知团队。

（3）明确客户的核心利益

企业经营者需要注意的是，实际上，甲乙双方的沟通是很难随时畅通的，甲方人员往往需要负责项目外的诸多甲方企业内部事务，因此乙方可能无法随时寻求与甲方的沟通，这就需要乙方在某些事务的处理上进行自主决策。而乙方能否制定出令甲方满意的自主决策，则取决于乙方对甲方在项目中的核心利益是否有足够的了解。

2. 建立良好的沟通机制

深化对客户的认知固然能够帮助企业在沟通过程中更加准确有效，然而如无良好的沟通机制，沟通纠缠仍然不可避免。建立良好的沟通机制应当遵循以下几点。

（1）沟通层级的梳理

由于甲乙双方各个级别的人员决策权、话语权不同，因此梳理甲乙双方的沟通层级是非常必要的。我们固然不能指望一名小小的助理能够直接搞定甲方的高管，也不希望甲方的基层员工能够直接对我方的总经理下达指令。对甲乙双方沟通层级的梳理，不仅是沟通效率的体现，也是重要的商务礼仪。大致说来，项目的甲乙双方沟通可简单概括为三个层级。

决策层沟通：企业经营层与甲方总负责人、项目采购负责人的沟通。

管理层沟通：企业项目管理层与甲方项目采购负责人、外包项目管理负责人、外包项目管理执行人、项目配合事项负责人的沟通。

协理层沟通：企业项目执行层员工与外包项目管理执行人、外包项目管理协理人、项目配合事项执行人的沟通。

当然，也不是所有的项目沟通都是三个层级齐备的，在乙方规模有限或事务规模有限不能引起甲方足够重视的情况下，可能不存在决策层之间的沟通。但总体而言，企业应大致依据沟通的不同层级实施沟通的组织工作。

（2）沟通组织的建立

沟通组织指的是在沟通过程中人员与责任的联系建立，它能使沟通工作有责有序地进行，有利于企业管理者对沟通的管理和追究。沟通组织建立工作的重点是项目管理组织的建立。如之前章节所述，企业经营者需要通过项目需求和企业的实际情况，开展组织建设工作，并以适当的组织形式进行项目消化。

① 专职沟通人员的指定

在有条件的情况下，尽量将项目具体情况的沟通者和具体执行者的角色进行分离，即沟通者只负责项目的信息传递、争议协商、进度反馈、危机沟通等相关工作，不参与具体的执行过程。沟通和执行的分离，能够提升沟通效率，为具体执行人员争取到更宽松、更专注的执行环境，更重要的是，专职沟通者的存在，能够有效把握住企业内部的项目统筹，有效避免“一对多”或“多对多”的沟通乱局。一般情况下，由于专职沟通人员对客户项目的信息了解最全面和深入，因此他们也是最佳的项目管理者人选。

② 其他沟通人员的指定

根据沟通层级所需，指定其他层级的沟通人员。决策层根据所需沟通工作指定一名企业的主要负责人即可，而协理层则可能存在两种情况：管理层沟通能够解决全部沟通工作的，可完全不由协理层进行沟通；管理层不能够解决全部沟通工作的，则协理层面临的沟通工作会相对繁琐，可能涉及理想的协理层沟通人员分配情况是每一板块事项只指定一名员工进行沟通，以免造成客户信息纠缠。

（3）沟通流程的规范

在管理中，乙方企业不仅要建立起自身规范的沟通流程，也要促使甲方企业的项目人员在项目实施的早期建立起一定的沟通规范。由于甲方企业人员并不受乙方的约束，因此同时促进双方的沟通规范无疑是有难度的。但更规范的沟通无疑对甲乙双方都有明显的益处，因而在沟通规范上，乙方企业不能片面地只规范自身的沟通行为，而对甲方的无序沟通视而不见。

因此，在项目早期，乙方应通过谈判和协商，促使双方建立起以下形式的基础沟通流程。

① 甲方决策传达

甲方内部决策一致→甲方指定唯一决策传达者→乙方接收信息并向甲方进行书面确认。

② 甲方信息提供

甲乙双方列举所需收集的甲方信息→甲乙双方指定唯一的信息对接人→甲乙双方确认信息提供的进度周期→指定对接人按进度周期进行信息传递→乙方在收到信息后予以及时反馈。

③ 乙方信息反馈

甲乙双方约定乙方信息反馈后的甲方响应时间→乙方指定唯一的信息反馈者→反馈者收集需要反馈的信息→对甲方信息对接人传递反馈信息→甲方按约定的响应时间处理反馈信息。

如乙方实在无法对甲方沟通进行要求，也可按照以下形式进行基础沟通工作，其总体思路是在甲方不进行良好沟通配合的情况下，对可能出现的后果予以声明。

④ 甲方决策传达

乙方收到甲方决策信息→乙方向甲方决策者确认→甲方决策者确认→乙方按照甲方决策开展工作。

⑤ 甲方信息提供

乙方列举所需收集的甲方信息和需求时间→向甲方对接人要求信息的提供→如甲方不能如期提供则告知可能带来的影响。

⑥ 乙方信息反馈

乙方指定唯一的信息反馈者→反馈者收集需要反馈的信息→对甲方信息对接人传递反馈信息→要求甲方在一定周期内对反馈信息进行处理→如甲方无回应或其不能处理的，需声明引起的负面后果不由乙方承担责任。

3.6.4 客户信息纠缠规避方式总结

本节对客户信息纠缠的规避列举了以下解决思路。

- 确立沟通机制和明确沟通职责、沟通流程，否则极容易造成客户信息纠缠；
- 了解客户的职级、决策权、沟通职责是避免客户信息纠缠的基础；

● 建立良好的沟通机制，将沟通渠道指定唯一化，能够有效避免客户信息纠缠；

● 甲乙双方的沟通应有沟通层级，主要的沟通者应掌握各个层级的沟通信息；

● 规范沟通流程能够使沟通效率更高，出错概率更小。

总而言之，我们需要为促进甲乙双方的沟通而达成以下的成果。

● 甲方对乙方传递的信息是沟通一致的结果；

● 甲方指定唯一的决策传达者；

● 甲方指定唯一的反馈处理者；

● 制定甲乙双方共同遵守的项目进度排期；

● 因甲方沟通配合不足导致的问题应免除乙方责任。

3.7 如何让员工分担客户压力

3.7.1 实例故事：难以分担的客户压力

李欣营是一家展示制作厂的老板，为当地多个大型商超和品牌提供展示制作服务。随着公司的不断发展，李欣营渐渐感到自己的精力已经无法满足诸多客户的维系需要，因此李欣营觉得自己有必要让公司的员工也参与到客户维系工作中。于是李欣营指定了几个员工，分头维系自己的几个重要客户。

然而被李欣营指定的员工却认为这是在自己的本职工作上加了码，因此对客户维系工作并不热衷，很快就有客户开始不满，向李欣营进行投诉。李欣营反思了自己的安排后，决定给参与到客户维系工作中的员工一定额度的提成，并对其进行了客户维系方面的培训。一时间客户和员工都很满意，似乎这种对客户资源的“分封”模式已经走上了正轨。

然而好景不长。过年后，有两名负责客户维系工作的员工辞职，李欣营一开始以为自己只要找到人顶替就可以解决问题，没想到这两名员工竟然自己成立了一个小厂，开始对李欣营原有的客户供货。被员工挖墙脚的李欣营气得大病一场，发誓不再让员工染指客户维系工作。

然而病愈后的李欣营发现自己倍加忙碌，实在不可能靠一己之力维系如此众多的客户资源，于是李欣营宣布能胜任客户维系工作的员工，一律可以获得50%的项目净利润。李欣营心想，就算员工开公司挖墙脚，也不见得能够得到如此高的收益，这下肯定没问题了！重赏之下，必有勇夫，很快有几个关键员工自告奋勇地揽下了客户维系工作的责任，并且尽心尽力地做得很好。不过李欣营很快发现自己的盈利少了很多。

怎样才能既保障自己的收益，又能防范员工挖墙脚，还能把客户维系好？李欣营需要一个一箭三雕的解决方案。

由于B2B类型的业务需要较深的双方互信，因此在一定程度上来说，B2B类型企业的生意，就是人脉的生意。企业经营者固然需要把大量的精力放在新客户的拓展和老客户的维系上，然而当企业客户数量膨胀到一定规模，企业面对的业务复杂性和所需维系的客户人脉也急剧增长，企业经营者的精力往往无法在现有业务饱和的情况下兼顾到新客户的开发，这也是许多B2B类型企业所面临的最大瓶颈问题。

3.7.2 客户维系压力的释放

事实上，大多数的中小微B2B类型企业无法突破瓶颈的原因在于：企业经营者将客户关系视为企业的核心资源，认为让员工过多参与到客户的沟通维护中去，会对企业的客户资源安全造成影响，因此即使企业经营者明知自己在客户拓展和维系方面已经力有未逮，也不愿冒风险让员工参与其中。

然而，企业发展有其规律，中小微B2B类型企业的经营者如不能释放出客户开拓及维系方面的压力，则难以实现企业的可持续发展。

在客户压力的释放方面，企业经营者需要考虑以下几个方面。

1. 何种类型的客户是可释放的

（1）袖珍型客户

袖珍型客户不是指客户的体量袖珍，而是指客户目前以及预期可带来的业务体量较小，客户丢失与否对企业的正常发展影响不大。客户体量“袖珍”并不意味着沟通工作简单，企业经营者在与袖珍型客户的沟通中，往往付出的沟通精力与得到的盈利回报并不成比例，因此袖珍型客户是可以优先考虑交由员工进行维系的客户类型。

（2）低级别客户

低级别客户是指企业经营者并未掌握到客户的高层次管理者，如企业主或高级经理人由于客户体量本身较小，其企业主或高级管理者也不需要乙方企业经营者的直接沟通。因此，企业经营者可以考虑由员工维护此类型客户。

（3）孤岛型客户

孤岛型客户是指客户本身不与企业的其他客户有商脉关联，该客户的项目消化成功与否不会影响到企业其他的业务关系。由于孤岛型客户不会导致大面积负面连锁反应，因此在一定情况下企业经营者可将此类型客户的维护工作向员工进行转移。

袖珍型、低级别、孤岛型这三种特征可能表现在同一客户上，这三种特征在同一客户上表现得越为明显，则企业将此客户交由员工负责的风险就越小。此外需要注意的是，就客户维系压力的转移而言，其优先顺序应按袖珍型、低级别、孤岛型依次进行考虑。不表现出此三种特征的客户，如大客户、长期客户，则不建议企业经营者轻易向员工释放客户维系方面的压力。

2. 客户维系压力的转移条件

客户维系压力主要包括公关压力和沟通压力。所谓公关压力是指，维系客户关系以期能够带来更多业务的相关公关工作所带来的压力。而沟通压力是指，当客户有项目进入时，就项目本身所需开展的沟通带来的压力。

就企业所能够释放的三种较为安全的客户类型（袖珍型、低级别、孤岛型）而言，沟通压力无疑是必须向员工进行转移的，而公关压力的转移与否，涉及是否符合商务礼仪、是否能够保持沟通效率、是否能够维持成交概率等方面，因此需要按照以下的原则予以斟酌。

（1）袖珍型客户以其沟通级别决定是否转移公关压力

如前所述，袖珍型客户仅仅是指其业务袖珍，并不意味着客户的体量小，如其体量有一定规模，且与乙方企业的沟通者级别较高，需要企业经营层出面进行沟通，则不宜将公关压力转移给一般的经理层或员工。在此情况下，企业经营者需要审视客户是否还具有足够的商业价值，如其缺乏足够的商业价值，却又需要企业经营者耗费大量的时间成本进行公关工作，则与其维护，不如放弃。如此类客户的体量有限，且沟通可脱离企业经营者的参与，则此类型客户的公关工作可转移给级别对等的经理人或员工。

（2）低级别客户可以直接转移公关压力

低级别客户由于企业现阶段掌握的沟通者级别较低，不需要企业经营者过多参与到具体沟通中，则可直接将此类型客户的公关工作转移给级别对等的经理人或员工。但需要注意的是，低级别客户是否有深挖的潜力，是企业经营者在决策是否移交其公关压力时需要注意的问题。企业经常可以通过深入的公关，挖掘到企业内部更高级别的管理层。如果存在提高客户沟通级别的可能，那么企业经营者不宜轻易将客户公关工作向员工进行转移。

（3）孤岛型客户以其沟通级别和业务体量决定是否转移公关压力

孤岛型客户的公关工作是否能够转移给经理人或员工的判断较为简单：业务体量小、沟通级别低的自然可以转移；业务体量较大，则需要慎重考虑，如沟通级别较高必须由企业经营者亲自开展公关工作的，则不宜转移。

一般情况下，企业经营者在客户公关工作的转移中需要注意，核心客户的公关工作不宜轻易转移。如此的表述可能使一些读者产生困惑，前文已经讲述了客户维系工作不能转移是企业发展的瓶颈，此处又申明核心客户的公关工作不宜轻易转移，那么瓶颈究竟是如何突破的呢？

其一，客户公关的工作量远远小于客户项目沟通的工作量，然而客户公关工作的重要性却常常大于项目具体沟通的重要性，企业经营者如果能脱离具体的项目沟通工作，投身于更具价值的客户公关工作中，自然能够为企业客户关系的经营提供更多空间。

其二，客户体系的发展是一个动态变化的过程，随着企业经营者脱离具体的事务性沟通，投入更多精力在客户拓展及维系上，自然能够收获更加广泛和深入的客户关系。在此过程中，原有的大体量、高级别客户是有可能随着企业对客户评判标准的变化，成为小体量、低级别客户的。那么，原先出于对企业客户资源安全问题的考虑所不能转移给员工的客户，也获得了转移的可能。

3. 客户维系工作权责的厘清

必须了解的是，客户维系责任对员工的让渡意味着赋予员工更多的权利。因此厘清客户维系工作中员工和企业经营者的权责是需要完成的首要任务。

作为一般的经理人或员工，工作性质类似于“战士”，即有职责投入“战斗”，但无职责决定是否“作战”。一旦将客户的公关工作转移给经理人或员工，受责人也应当获得相对应的权利：自主公关的权利、参与决策是否切入具体项目的权利、从公关工作中获得更高收益的权利。一般的经理人或员工往往缺乏此类权利，因此除了制度的完善和引导，通常经理人或员工还需要经历一段时间的适应期。

客户维系工作中一般包括以下四种权责。

（1）公关支出权责

如由员工进行公关工作，则员工自然享有支出公关费用的权利，但企业经营者应保留对费用进行审核和核销的权利。

（2）项目引入权责

员工进行公关工作自然享有引入项目的权利，至少应参与到是否引入项目的决策中来。当然，既然员工将主导或引导项目的引入，自然也应当担纲项目分析和陈述的职责，以确保企业经营者能够对项目进行全面的了

解和判断。

（3）项目沟通权责

员工承担项目事务的沟通责任，自然需要企业经营者授权并赋予其一定程度的公司代表权利。需要注意的是，具体事务的沟通是极其繁琐的工作，企业既不能完全不容许员工出现失误，也不能无视沟通工作的重要性，需要根据企业自身情况对沟通的容错机制和权责划分进行科学的调整。

（4）项目收益权责

如员工承担了项目的公关工作，自然理应比只负责项目消化的员工获得更高的收益和更高的收益权利，这也意味着员工对项目的利润率控制、成本控制有一定的管理责任。

4. 客户维系工作机制的建立

良好的客户维系工作机制无疑有利于员工进行客户维系工作，缺乏有效机制，对于此方面工作的员工积极性、开展持续性都有重大的损害。企业经营者在员工维系客户的机制建设上，需要注意以下几方面内容。

（1）客户维系工作的预期目标制定

既然客户维系工作已经向员工进行移交，那么作为对客户维系工作的保障，也应当建立起预期的维系目标，即预期由员工进行客户维系工作所能够带来的营业额，以及维系工作中产生的商脉增长。唯有与员工基于既有的客户业务判断制定目标，才能将客户维系的压力真正转移至员工处，也才能够制定出有所依据的客户维系考核方案。

需要注意的是，一般而言，转交给员工负责的客户业务量增长预期都是不乐观的（如增长预期乐观的客户往往由企业经营层直接把控），因此，制定目标应建立在预期合理的基础之上，否则员工对目标缺乏信心和认同，反而容易引发连锁性的后续不良反应。

（2）制定客户维系工作的绩效考核方案

在制定了客户维系工作的目标之后，自然需要制定出客户维系工作的绩效考核方案。考核要点主要在于：业务量、利润额、投诉量。其中，业务量考核了员工的客户公关工作，利润额考核了员工的议价水平，投诉量考核了员工的品控及服务能力。需要注意的是，就客户维系工作对员工的考核需要同时考虑此三要点，但也不能失于求全责备，针对不同的客户状态与阶段应有不同的考核侧重点。

（3）与客户维系配套的人力资源分配

由于对员工已经分配了客户维系方面的任务，自然也应根据对其工作量的预估，配备相应的人力资源。然而，一般情况下，客户维系工作不需要过多的人力，过多的人参与到客户维系工作中，反而容易引起客户信息纠缠。因此，还是应以项目消化为核心进行人力资源的配备，具体配备形式可参见之前的章节。

（4）与客户维系工作挂钩的财务计划

首先，客户维系工作，尤其是客户公关工作，是一项经常产生支出的工作，因此需要按照预计的客户维系工作目标，对员工开展的客户维系工作进行评估，形成合理的支出额度与费用核销体系。

其次，客户维系工作同样会占据员工大量的时间，需要评估维系工作带来的收益是否能够覆盖员工的时间成本，并以此为依据指定合适人选。

最后，由于客户维系工作的收益是不稳定的，考核也往往是可量化的，员工在客户维系工作中所产生的业绩，应该有奖励性质的薪资构成作为支持。

5. 客户维系工作的相关移交

将现有客户转移给员工进行维系，自然需要进行现有客户的移交工作。

（1）客户信息的移交

客户企业的地址、电话、所需证照、收汇款银行账户；客户的姓名、职务、联系方式的移交。

（2）现有状况的移交

客户与企业之间目前处于何等关系、前一年度客户所输出的业务量、项目的一般利润额、报价体系及方式等信息的移交。

3.7.3 客户拓展压力的释放

由于新拓展的客户是企业的经营增量，即使拓展不成功也一般不会对现有客户关系带来不良影响，因此企业经营者更愿意由员工承担客户拓展的压力。员工开展客户拓展方面的工作，与企业经营者亲自开展的区别不大，之前章节对客户拓展工作的开展方法已有阐述，这里仅就其区别进行相关的阐释。

1. 分配形式

由企业经营者亲自开展的业务拓展工作，企业经营者的收益已经在企业的营收红利中进行体现，而由员工开展的业务拓展工作，其收益自然也应当有所体现。一般而言，员工在业务引入中的收益体现应分两种情况区别对待。

（1）深挖所得业务

即员工在服务企业现有客户过程中，对客户需求进行深挖所得的业务。对此部分业务，应对员工予以激励，但激励额度应予控制。

（2）拓展所得业务

即在企业现有客户体系之外的新增客户业务，对此部分也应对员工予以激励并考虑更高的激励额度。

此外，在激励额度的考虑上，企业也有两种选择：一种是根据销售额计算，即按引入业绩的销售额乘以提成系数进行分配，其优点是计算简单，缺点是利润较低的项目以此计算方式无法充分保障企业收益；一种是根据利润额计算，即按照引入业绩的利润额乘以提成系数进行分配，其优点是相对于上一种计算方式而言更能保障企业收益，缺点是如果成本、利润对于领受提成的员工不透明，则可能引起员工对收益额度的质疑。

2. 员工业务拓展关注要点

一般而言，企业经营者亲自开展的业务拓展工作，自觉性、有效性、熟练度都是大大高于员工的。因此，企业对业务拓展压力让渡给员工，在管理中也必须注意以下模式的形成：形成压力性的机制迫使员工积极开展业务拓展工作，形成激励诱导员工积极开展业务拓展工作，将企业经营者的一些拓展经验、拓展方法通过培训的方式传递给员工，将必要的业务拓展支持（包括团队支持和资源支持）让渡给员工。在管理模式中，企业经营者需要注意以下两方面。

（1）客户重视度的维持

通常而言，企业经营者对亲自引入的业务都是比较重视的。然而由于员工拓展而来的业务往往属于企业业绩增量，而非为了经营所不得不维持和抱有的客户业务，因此企业经营者对员工引入的客户重视度往往不足。但是，对员工引入业务的重视度，不仅直接关系到业务的成交率与客户的满意度，更关系到员工是否能够持续保持对业务拓展工作的热情，因此身为企业经营者不可不察。

（2）客户拓展工作中的员工制约

客户资源是B2B类型企业的要害所在，是企业最大的收益来源，也是企业不可忽视的风险。我们通过筛选何等客户可以交由员工进行维系，规避了企业的主要风险，然而重要性稍次的客户对于企业而言，也是不可轻易丢失的。更何况，当最极端的情况出现时，即员工离职带走企业客户，无论客户体量如何，此种事件对于团队的士气和风气的影响都是不可估量的。

3. 客户接触的相关制约机制

由于员工本身具有一定的不稳定性，可能对企业的客户安全构成一定威胁，因此企业对承担客户维系或拓展工作的员工，应有制约机制，常见的制约机制有以下几方面内容。

（1）客户的分级接触

企业经营者直接接触客户企业高层，员工仅接触客户企业中低层，但此条不一定适用于中小规模的客户；

（2）竞业禁止

约定关键员工离职后在一定时间内不得从事同行业工作；

（3）保密协议

约定关键员工对客户信息有保密义务且在离职后义务仍存在；

（4）离职时间

关键员工离职必须提前足够的时间进行报告，以备企业自查客户的状况是否有异样。

总的来说，企业对员工的制约是有限的。在制约的同时，提升员工对企业的认同感和忠诚度，才是企业保证客户维系工作长期健康进行的最可靠方法。

3.7.4　客户压力释放办法总结

有关客户压力对员工层面的释放，本节主要说明了以下几个问题。

- B2B类型企业发展的重大瓶颈之一就是集中于高层的客户压力无法释放；
- 企业经营者需要厘清何种客户的维系压力是可以释放的；
- 袖珍型、低级别、孤岛型三种客户是企业经营者向员工层释放客户维系压力的首选；
- 客户压力的释放需要企业与负责客户开拓及维系的员工之间厘清权责；
- 员工拓展业务应划分为深挖所得业务和拓展所得业务，并对两种业务的引入制定有区别的奖励制度；
- 对负责进行业务拓展和维系的员工，企业应有相关制度进行制约。

第4章

有效制度的设计与实施

在初步解决了团队和客户方面可能出现的问题后，接踵而来的团队管理与制度建设，将成为令绝大多数创业者头疼的问题。在企业发展到基本阶段后，一切问题都将毫无例外地被具象化为管理问题，许多管理者在此阶段都会引入各种管理工具，制定各种考核制度，然而并没有如想象中那样收到成效。本章将探讨为何制度建设与团队管理工作常常不能收到实效，并给出相应的参考办法。

4.1 管理压力与制度守恒

4.1.1 实例故事：总被抱怨的制度

某文化公司的老板黄朝忠针对员工制定了一系列管理制度，对员工的工作失误实行低容忍的策略，并要求基层员工对过手事项进行全面把控；同时，要求员工在完成业务消化工作的同时，开展客户拓展工作。

制度在实行一段时间后，黄朝忠发现，公司出现了多起客户投诉事件，同时客户拓展工作也毫无进展。当他召集员工面谈时，员工认为自己一边负责客户对接，一边进行项目管理，精力有限，很难兼顾全盘不出问题。一名老员工当场提出：现在公司的主要工作全部摊派到基层员工身上，基层员工压力很大，而管理层却处于“空转”状态。

于是黄朝忠再次进行制度改革，要求管理层负起责任，统筹各项业务管理和客户拓展工作。然而两个月后，黄朝忠发现管理层开始陷入各种琐碎的客户事项中，琐碎的沟通工作使管理层的行政效率大幅降低，管理层也开始怨声载道，认为公司未能合理地利用人力资源。

黄朝忠陷入了困惑：当工作目标下放到基层，基层开始抱怨；当工作目标上浮到管理层，管理层也开始抱怨，但是每次推行的制度条例，看起来又完善合理。

那么，问题究竟出在哪里？

4.1.2 制度也有“守恒律”

当小型企业的企业主制定制度的时候，往往容易忽视一个点：制度也是有“守恒律”的。

在B2B类型商业模式中，往往有众多需要维护的商业关系，每一个具体的业务都有相对应的众多决策和统筹事项。决策权和统筹权可谓企业的核心权力，将核心权力下放，中层和基层就要承担起相对应的责任和义务。这就对中层和基层员工的能力提出了非常高的要求，但是通常情况下，一般企业的中层和基层员工的能力很难符合如此高的要求。

于是，实例故事中的问题就出现了。

当权力和义务停留在公司高层，公司高层认为：中层和基层没有承担起应有的责任，而且核心工作全部集中到公司高层，容易造成人力浪费和效率降低的问题。

当权力和义务下放到中层，公司中层经理人则开始抱怨：“我若有能力全面统筹客户拓展和项目管理，为何我自己不去开公司？”

当权力和义务下放到基层，基层员工更是苦不堪言：“如此高的工作要求，为什么我不换一个同等待遇但更轻松的工作？”

决策和统筹的压力要么在高层，要么在中层，要么就在基层，除非公司已经发展壮大到可以忽略人力成本的程度，不然总会面临这样的困境。这就是制度“守恒律”的表现：如果压力存在，只通过制度的调整不可能缓解压力，只能转移压力。

4.1.3　压力守恒使制度非议成为常态

消解决策和统筹压力的方法有很多种，例如，以类似“承包分配”的形式让经理人去拥有决策和统筹的权利并承担相应的义务，对压力承担者进行针对性的薪酬和福利提升，或是通过高水平的企业文化建设，让企业成员基本服从高压力的工作安排……然而，对于盈利水平和现金流水平有限的初创企业而言，以上能够消解压力的方法看起来都过于“奢侈”。

在企业管理过程中，我们还经常发现一个事实：无论企业制度如何变化，在短期的实施过程中其总是会受到来自某一层级的非议，实际上这就是压力守恒所带来的必然结果。在消解管理压力的过程中，制度总是会将一部分岗位或层级的压力转移到另一部分岗位或层级。因此，在制度推行的过程中，制度制定者几乎注定面临制度会受到非议的问题。

事实上，管理压力分为“必然的压力”和“不必然的压力”。所谓“必然的压力”，指的是企业在扩大经营规模的过程中所必然产生的压力，此部分压力在企业经营规模不变的情况下是有守恒特征的，不会因制度的规导而消失。对于此部分压力，我们只能通过合理的设计，将其转移到更合适的层级，或通过资金、人力的更大投入，使其得到分摊而降低。所谓“不必然的压力”，指的是因制度、流程不合理而造成的额外管理压力。此部分管理压力是可以通过制度优化、流程优化而得到消解的。

4.1.4 制度设计的三个维度

决策者总是希望企业的能力更强、效率更高、盈利水平更高，因此引导团队走向更高水平的制度，与企业现状本就是不相匹配的。对于企业管理者而言，不匹配现状的制度才是好制度，否则企业将一直停留在较低的经营水平，如果让制度适应企业现状，则根本没有制定制度的必要。而对于被管理者而言，匹配现状的制度才是好制度，如此他们才能够在自己的能力范围内，较好地完成各项事务工作。因为有此矛盾的存在，所以重大的制度建设期往往就是企业的阵痛期。

然而，作为制度的制定者，企业主既不能在制度上过于好高骛远，也不能迁就团队，让制度去适应人，否则企业非但不会在制度的引导下成长，还有可能面临团队崩离的问题。那么，对于制度的设计，企业主应当怎样去思考？对于制度的反馈，企业主又该怎样去面对？

简单来说，企业主至少应当在制度设计的过程中考虑以下三个维度。

1. 制度是否正面引导了团队的发展方向

从制定目的上讲，制度一定是对团队进行正面引导的。好的制度一定不鼓励内部的山头主义、官僚主义，也不鼓励对外的一味强硬或是一味妥协。否则，如此的制度便不能推行。

2. 制度如果影响到团队的短期利益，是否有对应的救济措施

制度作为对员工的约束和考核，对于员工的福利水平往往有隐性的或是显性的损害，考核目标的制定必然导致员工将花费更多的时间工作。因此，我们需要考虑，制度损害的是员工的不当福利还是正当福利？不当福利指的是员工在职场伦理中不应当享受的福利（如上班时间玩游戏和私人开销公费报销等），正当福利指的是员工依法依理应当享受的福利（如午休时间、年终奖、提成、年假等）。如果制度对于员工的正当福利有所损害，那么，是否有对应的救济措施？

3. 在制度有救济措施的情况下，团队目标能否短期实现

在员工与制度之间的关系通过救济得到平衡的情况下，目标又能否短期实现？所谓短期实现，就是指在几个月到一年的时间里，团队能否达到制度所希望引导的水平？这就涉及制度红利能否及时“变现”的问题，如果制度红利迟迟不能产生，那么长期处于制度阵痛期的团队会给企业带来极大的内外压力。

4.1.5　实例中的制度实施因何失败

回到实例故事，制度的实施是如何失败的？

在对制度的守恒律和设计准则有了基本的了解后，我们回到实例故事中，可以发现这家文化公司的老板在制度制定和推行时犯了以下几个错误。

1. 责任划分简单化，未考虑流程需要

作为B2B类型企业的管理者而言，对工作流程的理解应当是贯穿全局

的。与程式化的生产企业相比，B2B类型企业的工作流程出错率更高，而容错率更低。因此，作为一家B2B类型企业，工作流程的压力应当是由决策层、管理层和基层共同承担的。在实例中，制度制定的失误在于，经营者简单地将业务压力和管理压力压在了某一层级，而非根据实际的工作流程，将压力拆解到客户拓展、业务统筹、供应商管理、审核、批复等具体的环节，这就使得压力分配不均衡，从而导致企业某一层级压力过重，失去了制度公平。

2. 责任下放过程中缺乏救济手段

在实例故事中，在制度带来压力时，企业未采取有效的救济措施，这也是企业制度推行困难、受到较大非议的原因。在企业制度的设计中，制度制定者同样需要注意权利与义务的对等性，责任下放的同时，没有利益下放，无疑会加重企业内部的紧张与不安。

3. 对制度红利产生周期缺乏预估

该企业推行制度时缺乏对于制度红利产生周期的预期，没有推行一个能够在短期之内获得制度红利的制度，这使制度管理长期处于非议状态。

这三个错误导致了实例故事中文化公司的制度实施失败，同时这三个错误也是众多企业在推行制度过程中常犯的错误。事实上，制度实施的最大阻力来自决策者在制定过程中的反复和考虑不周，而非来自团队或个人的非议。在实际的经营中，完美的制度和全面失败的制度都是不存在的。企业主更应该考虑的是：我需要哪一种结果，我应当把制度压力放在哪一个层级，需要多长的时间去产生制度红利。

因此，我们需要根据中小微B2B类型企业的行业类型，厘清制度压力分布的一般规律。

4.1.6 B2B类型企业决策管理压力分布的一般规律

那么，将制度压力放在哪一个层级能够获得较好的效用？事实上，讨论此问题的意义并不大，因为毫无疑问，制度的压力应当均匀地分布在每一个层级，不应当有任何层级承担过重或过轻的制度压力。

然而，令众多中小微B2B类型企业头痛的是，制度压力中的决策压力和管理压力，究竟应当放在哪一个层级？在实际的经营中，有大量企业主希望放权而不得的情况，也有大量企业主放权后企业失控的情况。企业主往往希望经理人或员工替自己去进行决策和管理，却又在实际运营中发现这一想法不能如意。在此，我们将根据实际情况，将中小微B2B类型企业划分为以下四种类型，并对不同类型企业的决策和管理压力分布规律进行简单的梳理。

1. 产品销售导向型

产品销售导向型企业的特征在于，有固定的、已经成型的产品（媒体产品、装备设施等）。这种企业分为两类：一类是采购金额巨大的产品销售企业，一类是采购金额较小的产品销售企业。对于前者（大宗产品销售企业）来说，由于行业门槛高，销售难度大，业务销售任务往往依赖于企业高层完成，中层及下层一般不具备进行大宗产品销售工作的能力，因此中层及下层往往是服务配套性质，有一定的管理压力，但决策压力较小，决策压力主要集中于高层。对于此类企业，将决策权力下放至中下层，往往是不切实际的。对于后者（小宗产品销售企业）来说，由于产品的采购金额有限，需要较大的成交量才能够稳定企业收益，因此销售团队需要相当的决策权限，才能够支持企业正常运营，此类企业往往是中下层负担较重的管理压力和决策压力。

2. 咨询服务导向型

咨询服务导向型企业包括各类型的营销服务企业，其特征在于缺乏固定产品，且要求企业拥有一定的业界声望和客户信任度才能够促成成交。因此，作为企业资源和企业能力的代表，企业主及企业高层必然承担了更为繁重的业务工作，事实上，此类企业也基本不可能通过中下层实现经营上的重大突破。这使得决策压力和管理压力主要集中于高层，中层及下层的决策压力和管理压力相对较小。

3. 产品定制导向型

产品定制导向型企业包括各种文化创意类企业，其特征在于其产品并不“固定”，与其说其拥有的是产品资源，不如说拥有的是生产产品的技术资源。因此，此类企业同时拥有咨询服务导向型企业和产品销售导向型企业的双重特征。一方面，企业的主要资源集中于企业高层；另一方面，如果产品所需的采购金额不大，也有建设销售团队的必要。因此企业主需要根据产品的实际类型，去判定决策压力究竟应在哪一层级。

4. 平台服务导向型

平台服务导向型企业包括人力资源企业、行业服务平台等，其本质依然是产品销售，只不过其产品源自平台的积累和沉淀，其真正销售的产品并非平台本身，而是平台所代表的各类型资源。因此，平台服务导向型的企业，大致可以分为两个端口：一个是销售端口，负责将平台资源进行销售；另一个是服务端口，负责平台环境的运营和维系。在销售端口，压力分布呈现出和产品销售导向型企业基本相同的态势；在服务端口，当平台处于运营前期时，由于平台沉淀不足，主要的决策压力和管理压力往往集中在高层，当后期平台拥有一定规模后，主要的决策压力和管理压力往往集中在中层。

事实上，从以上的梳理中我们可以看出，就不同的企业类型和制度压力的分布，尤其是决策压力和管理压力的分布，是有一般规律的，无视规律去进行制度建设，无疑是不正确的。因此，对自身行业和业务流程进行充分的理解和研究，可以说是制度建设的必修功课。

4.1.7　针对实例故事的问题解决

当我们理解了制度守恒的规律和中小微B2B类型企业决策压力分布的一般规律后，再回到实例故事中，企业经营者应当如何制定和推行制度才能够得到较好的结果？就实例故事中的实际情况而言，其应当至少做到以下几点。

1. 以梳理工作流程为先，匀化制度压力

在制度制定之前，企业经营者应当先召集主要业务负责人及行政负责人对企业业务消化的一般流程予以梳理，并厘清何种事务是需要决策层审核批复的，何种事务是需要管理层把控过程和结果的，何种事务是琐碎而又不影响大局，可以在基层员工得到充分培训的情况下自行处理的。在厘清流程之后，企业经营者也应当根据企业现有各层级的工作量负担，将制度压力尽量匀化，如因企业现状而导致压力不能匀化，则应对负担较重的岗位实施福利救济。

2. 在客户拓展方面实现利益破局

客户拓展工作不一定是企业全员参与的工作，对于非客户拓展人员而言，既有议定的薪资与客户拓展成果不应有挂钩关系。因此，客户拓展工作需要在非销售岗位推动，且必须在现有的劳资基础上做增量，以利益救济鼓励员工响应和参与工作。此外，在销售岗位，也应当根据当下的员工能力和精神面貌，进行制度调整和考核指标调整。

3. 根据制度制定目标，让制度实施过程有正反馈

在企业经营者考虑推行制度前，需要对制度有明确的考量。此制度的推行，应当带来怎样的正面效果？它们在多久内产生？例如，如果预计该制度的实施应当在3个月的时间内扩大10%的客户接触面，在6个月的时间内降低20%的投诉率，那么就应把以上内容作为制度的目标进行宣贯，同

时需要注意的是，目标应当是在制度推动中可达成的目标，而非企业经营者一厢情愿、好高骛远。唯有如此，才能够让员工更为深刻地理解制度实施的意义，并让制度在推行过程中拥有更多正反馈以支持制度的执行。

4.1.8 制度设计的要点总结

在本节，有关制度设计，我们强调了以下几个问题。

- 管理压力是守恒的，制度的作用并不是让管理压力减少，而是合理疏导管理压力；
- 制度应有正面引导性，因此制度要求应适当略高于当前团队水平；
- 企业需要根据行业具体情况制定制度，制度制定过程中应考虑制度公平；
- 制度公平有赖于权利和义务的对等，因此制度压力形成的同时应有救济措施；
- 企业应对制度红利有明确预估，并制定相对应的周期目标。

4.2 偏向有效劳动的多元化薪酬体系制定方法

4.2.1 实例故事：难以制定的薪酬策略

向国维在制定企业薪酬待遇的时候遇到了麻烦，作为企业的主要经营者，向国维认为较高的薪资水平能够带来更充足的员工干劲和更稳定的团队，于是和员工签订的协议薪资都比较高。然而员工的表现却未像向国维预期得那么好，较高的薪资让员工安于现状，无论员工是否为企业创造了业绩，都能够拿到比同行业平均水平更高一些的薪资。很快，安于现状的员工就影响到了积极工作的员工，企业团队一下子变得人浮于事，得过且过。

于是，向国维将员工的薪资降到了行业的平均水平，没想到又引发了轩然大波。员工纷纷认为，企业随意降低了自己的薪资，违反了双方签署的劳动协议。企业矛盾的暗潮开始浮上水面，一些不安分的员工甚至带头故意找事。向国维忍无可忍，解聘了一名为首分子，不料此员工立马申请了劳动仲裁，劳动仲裁判定向国维应当支付被解聘员工2个月工资作为补偿，这让向国维很不服气。

经过一段时间的整顿，向国维的企业经历了一次痛苦的大换血，吸取了教训的向国维终于开始学着控制员工的薪资水平，并将员工薪资拆分成基本工资、岗位工资和提成几个部分。然而向国维很快发现，员工对有提成的事情很积极，对没有提成的事情就并不上心。而有些重要的工作并没提成，这就导致企业许多很重要但不盈利的工作没有员工认真去做。

于是向国维引入了绩效机制，对企业中不盈利的工作用绩效加以奖惩，一时间员工对企业不盈利的各项计划恢复了一些积极性。然而许多销售岗位的业务员却认为，自己的主要工作应当是跑业务，绩效的引入反而让他们不得不完成许多业务拓展之外的工作。他们说："不能以要求行政人员、技术人员的要求来要求我们，要不然我们就没办法跑业务了。"

怎样才是合理的薪酬机制呢？向国维的脑袋里充满了问号。

薪酬机制是企业与员工之间最为深刻的联系，也是最容易引发矛盾的焦点，因此企业在薪酬机制制定的过程中需要倍加斟酌，了解到企业与员工之间对薪资机制的理解差异所在：

- 企业期望的薪资：企业购买劳动结果的支出；
- 员工期望的薪资：出让劳动时间所得的收入。

可以很明显地看出，企业希望支付给员工的薪资能带来结果，而员工却认为自己出让的劳动时间才是企业支付报酬的理由。因此，在实操过程中，我们必须围绕此矛盾展开薪资设计，否则有可能企业得不到效率，员工也得不到动力。

4.2.2 劳动时间不一定产生经济效益

在我国相关法律法规中，对员工薪酬的理解为员工通过雇佣关系出让其劳动时间所得的报酬。然而对于企业经营者，尤其是B2B类型企业经营者而言，购买劳动时间与企业是否盈利并无直接的关系，劳动本身所产生的效益才是企业盈利的来源。

这也带来一个问题，即员工理解的劳动与企业经营者所理解的劳动，是有重大差异的。对员工而言，自己的薪资来自所出让的劳动时间；对企业而言，不产生经济效益的劳动时间是没有价值的，然而依据现行法律，企业又必须承认员工劳动时间的价值。

劳动时间不一定是真的劳动时间。

此外，企业经营者常常可以观察到的是，员工的工作遵循“二八法则”，那就是员工使用20%的时间解决80%的工作，用剩下80%的时间解决20%的工作。事实上员工工作不饱和是企业人力资源经营中的常态，然而企业却必须对协定的劳动时间支付报酬。此外，按照《劳动法》，企业还需对员工在协定范围之外的劳动时间，即加班时间，支付额外的报酬。

虽然《劳动法》也有相关规定，员工不符合录用条件的、严重违反劳动纪律的，企业可以无责解除劳动合同。但是此类条例的实施，需要企业的举证，实际上中小微企业利用有限的管理精力根本无法对单个劳动者随时开展其失职证据的收集，因此中小微企业对员工的解约，从实操角度看，都具有一定的法律风险。在实操中，无论企业有如何严格的劳动纪律，也不能够将员工未进行劳动的时间从协定的劳动时间中剥离出去。

也就是说，从实操上而言，无论管理何等严密，企业也无法避免对未产生效益甚至未产生劳动的协定劳动时间付费。

4.2.3　应当如何看待员工的薪资

那么，在我国的企业实操基础上，我们应当如何看待员工薪资的构成？在此我们将把员工的各种名义收入梳理如下，并站在企业经营者的角度对其进行分析。

1. 基本工资

我们视基本工资为企业依据现行法律所必须支付的劳动时间报酬，而非员工劳动带来企业收益部分的报酬。需要注意的是，如果员工带来收益的报酬与基础报酬相混淆，则很容易造成员工不考虑是否为企业带来了收益，只考虑自己是否付出了约定的劳动时间的问题。长此以往，企业内会形成劣币驱逐良币的劳动氛围。

基本工资由于受到劳动法的保护，一般情况下是固定的，在不发生岗位变化或薪资调整的情况下，员工到手的基本工资额度变化主要与员工的行政考勤及劳动纪律有关。原因很简单，基本工资是对员工劳动时间的购买支出，因此企业有权在基本工资上体现对员工劳动时间的管理。

2. 岗位工资

岗位工资指的是企业对该岗位所需的技能所支付的报酬。技能作为员工的主要议价筹码，在不同层次体现出不同的稀缺性，因此企业需要对技能的稀缺性进行付费。然而，员工付出的劳动时间和劳动技能也并不意味着企业能直接从中获益，员工的有效劳动才是企业获益的基础。也就是说，员工拥有技能，有一定的学习成本，习得技能的收益就是岗位工资。

岗位工资在不发生岗位变化或薪资调整的情况下，一般也是固定的。

3. 绩效工资

绩效工资指的是对员工一般性有效劳动所支付的劳动报酬，其评判标准通常与企业分配到部门或人头的相关工作计划挂钩。也就是说，既然

员工完成或部分完成了企业的相关计划，那么员工就已经付出了有效的劳动，企业应对此部分劳动进行付费。所谓一般性有效劳动，指的是员工在自身职责范围内，在业务消化过程当中所付出的有效劳动，为与提成进行区别，它一般不包含业务拓展、项目引入方面的有效劳动。

在此读者可能产生疑问，企业已经支付了基本工资和岗位工资，为何还要再对员工的有效劳动付费？

这还是要回到我国劳动法实操的问题上，在实际法务操作中，员工不能完成工作计划，很难作为企业对员工解聘的理由，唯有员工长期不能完成工作计划，才能推定 “劳动者不能胜任工作” 。然而如劳动者不能胜任工作，企业仍不能解聘，直到证明“经过培训或者调整工作岗位，仍不能胜任工作的”，企业才有解聘的法理依据。也就是说，按现行法律，即便在不考虑取证难度的情况下，企业解聘员工所耗费的时间成本也是非常高昂的。考虑到对劳动仲裁进行举证的难度，可以说我国中小微企业基本无法解聘员工并不付出相关的补偿。

因此，企业在实操中，必须对此情况进行救济，即既然企业无法依据自身利益解聘员工，不得不对员工的无效劳动付费，则必须降低企业对无效劳动的支付成本。也就是说，企业实际上往往以无效劳动的标准在支付员工的报酬，既然如此，则必须对有效劳动有所救济，因此，将有效劳动的报酬进行单列，就无可避免了。

如果说基本工资是企业对法律的满足，岗位工资是企业对劳动市场行情的满足，那么诸如绩效工资、奖金、提成等，才是企业对员工有效劳动的满足。

4. 业绩提成

业绩提成指的是员工因引入或消化业绩，为企业创造了实际的经济价值，而获得的奖励性收入。与绩效工资不同的是，同为有效劳动，绩效工资并不考虑员工所完成的企业计划是否真正带来了企业盈利，而业绩提成则是完全基于企业盈利所产生的员工奖励性薪资。

需要注意的是，在所有的薪资种类中，业绩提成是最容易诱发企业内部矛盾的，这主要集中在业绩提成的分配公平性和分配透明度上。

由于企业经营者缺乏充足的精力评定各个员工在项目中的贡献大小，因此在某些种类的业绩提成分配中有失公平（或被员工认为有失公平），则极可能诱发企业团队的内部矛盾。

另外，由于一些企业的项目营业额、项目利润并未告知员工，因此就此形成的业绩提成分配制度是缺乏透明度的，员工对此种业绩提成制度的信任度也较低，长此以往有较大概率诱发员工与企业经营层之间的矛盾。

5. 奖金奖励

奖金是针对现行薪酬体系中缺失部分的补充，同样也是对有效劳动的奖励性薪资，针对但不限于成本控制良好、挽回企业重大损失、良好的突发情况处理、全勤等。

依照一般情理而言，员工在本职工作中的良好表现是员工的分内之事，不应予以奖金奖励。然而奖金的存在，除对员工个人的劳动肯定，还有激励团队士气、树立团队标杆、明确团队建设方向的作用。因此，奖金的存在往往不是制度性的，而是存在于特定环境中的权变处置。

6. 企业福利

企业福利的名目众多，包括共享性福利和救济性福利。共享性福利是指，企业为保持良好的团队氛围或稳定态势所付出的额外人力资源成本，如团队旅游、年假、十三薪、办公室茶点等。救济性福利是指，在员工主动承担了工作量大、责任重且收益不明显的工作时，对其给予的救济性奖励，或是员工可能因某种状况面临生活困难时，企业所给予的救济性物质资助，如带薪假、医疗补助等。

如何理解企业福利的性质？企业福利的发放可能并不针对实际的劳动，也不针对员工所创造的具体业绩，而是为了维护团队稳定。企业福利更多属于企业文化建设范畴，但其经费支出又出自人力资源部门的规划。

因此，企业经营者应当根据企业具体情况权衡资金效率和团队平衡，并以此为依据制定企业福利政策。

综上所述，各种薪资部分所构成的薪资体系，实际上是企业对员工无效劳动和有效劳动的综合支出，企业应基于对各部分薪资的充分理解，设计适合企业情况的薪资架构。

4.2.4 多元化员工薪酬体系的设计

那么，在企业的人力资源支出当中，按劳支出的部分、按功支出的部分、按能力支出的部分应当成何比例，才能使企业形成一个既有专业技能水平，又有充分激励机制的薪酬体系，同时还可以保证相对公平的分配环境？

大致来说，我们可以参考表4.1来制定企业各部门的多元化薪酬体系。

表4.1 多元化薪酬体系的制定依据

分配依据	薪资种类	说明
基础部分	基础工资及社保	企业依据现行法律必须对员工支付的报酬
按劳部分	绩效工资	依据员工完成计划情况支付的报酬，在有既定计划但无明显收益的部门，此部分比例应提升，在既定计划收益明显的部门，此部分比例应转移相当部分至业绩提成部分
按功部分	业绩提成 奖金奖励	业绩提成：依据员工为企业带来的经济收益情况所支付的奖励性报酬，应当加大此部分在直接盈利部门的比例，减小此部分在不直接参与盈利部门的比例 奖金奖励：由于奖金属于企业的非制度性支出，因此不再赘述
按能力部分	岗位工资	对员工劳动技能养成成本的补偿性支出，视能力的稀缺性进行制定。在不产生直接盈利的技术性部门，此部分的比例应当较高；在产生盈利的部门，此部分的比例应当较低，以将更多份额转移至业绩提成和绩效工资方面；在技能需求较低的部门，也不应制定过高的岗位工资
其他部分	企业福利	企业为保障团队稳定的额外人力资源支出，根据行业的一般福利水平进行制定，略高于行业一般福利水平的福利制度可达到经费效率和团队稳定之间的最优平衡

多元化的薪资分配有何好处？其一是明确了多劳多得、功胜于劳的激励机制，将绩效工资、业绩提成和奖金奖励等体现“劳”和“功”的部分独立出来，以激发员工的工作积极性；其二是规避了法律风险，制定过高的合同薪资会极大地提升企业在人力资源方面的法律支出风险，将此部分降低，能够在一定程度上保障企业的利益；其三是能够实现制度维稳，通过奖金对制度未覆盖的应奖励部分有所补充，通过福利营造良好的团队氛围，使薪资制度成为企业人力资源稳定的重要保障。

然而，员工实际上很少在意自己的薪资构成，更在意自己每月的实际到手收入，因此虽然企业经营者认为为满足现行法律和市场行情所制定的基础工资和岗位工资可能并没有为企业带来足够的价值，甚至没有为企业带来充足的劳动时间，但是企业经营者仍然很难让员工接受此部分的薪资过低。因为在员工看来，此部分薪酬收入才是自己在企业中的保底收入，而绩效、奖金、提成等部分收入，自己有一定可能“拿不到手”。

因此，企业在员工招聘中，不论其薪酬结构如何构成，一般向未入职人员介绍的待遇为员工实际现金收入，而非对薪酬结构拆解而成的收入部分进行逐一介绍。当此种情况发生时，员工可能在实际入职后，面临企业的薪酬架构产生心理落差，认为自己并未拿到预期的收入。

然而出于各方面考虑（合理的法律风险规避、利益激励与惩罚、企业计划的利益制度基础），企业也不可能因此放弃多元化、激励型的薪酬架构。因此企业需要一定的救济措施，以促使员工对多元化薪酬体系心服口服。

1. 显化薪酬机制的实施

在实施既定的多元化薪酬机制的过程中，尤其是发放按功计算的绩效工资、业绩提成等部分的时候，应予以较为隆重的实施，以加深员工对企业兑现承诺的印象，并激发员工的荣誉感和竞争感。

2. 强化制度宣贯

制度是如何制定的？为何如此制定？这些是必须要员工接受并了解的

内容，尤其是与员工利益密切相关的薪酬制度，更要加强宣贯工作。在薪酬制度实施期间，以制度说明会、口头强调、执行宣贯等形式，强化制度的宣贯工作。

3. 权变性补充

所谓权变性补充，即在团队出现不稳定倾向的时候，以企业福利的形式对员工发放物质奖励，以使其收入能够接近或达到预期，从而起到稳定团队的作用。此种方式用于紧迫情况下的应急处理，不宜经常使用，以免造成对薪酬体系的损害。

4.2.5 薪酬设计要点总结

在薪酬设计的依据及实施办法方面，我们强调了以下几个问题。

- 在实操上，薪资并非是全部支付给有效劳动的；
- 我们需要区分薪资支出的构成部分：基础劳资支出、技能购买支出、有效劳动支出、绩效工资支出、业绩提成支出、其他奖励支出、福利性支出；
- 针对各种支出应有相对应的考核机制；
- 需要根据企业的资金状况和业务形态制定薪酬体系；
- 薪酬体系需要严格的宣贯和落实。

4.3 游戏管理机制建设方法

4.3.1 实例故事：测不准的能力和搞不定的奖励

刘睿是一家演艺公司的老板，已经在行业中立足多年，虽然他没有将公司做大做强，但也保持了稳定的盈利。随着公司不断发展，很多从未出现过的问题也摆到了刘睿面前。

刘睿在公司草创阶段招募了一批员工，其中还留在公司的老员工有许多并没有被安排到管理岗位。对此刘睿也有自己的看法：这些人资历虽老，也有一技之长，但综合能力确实不如自己后来招募的经理，公司也就那么大，不可能有太多的经理，因此也只有委屈这些老员工暂时继续留在基础岗位上了。

除了老员工外，新员工也对公司有所不满。一名刚毕业的员工在工作8个月后递交了辞呈，他认为在公司工作缺乏激情，没有什么能够鼓励自己一直提升。刘睿大惑不解：提升自我不是员工理所应当考虑的事情吗？在刘睿看来，自我提升了，以后不管在自己的公司，或是在其他公司，都能够得到更高的待遇。而这名辞职的员工却反驳说，自己之前一直在努力提升，然而公司并没有给自己相应的施展机会。该员工举出了几个例子，让刘睿自己也觉得该员工现在确实相比入职时有所进步，但如何才能及时让员工的进步表现出来，刘睿觉得没有好的解决办法。

困扰刘睿的不仅仅是新老员工对公司有所不满的问题。有好几次，刘睿派遣经理外出独立处理事务，最终都是处理得一团乱麻。刘睿对经理发火说："你们在这个岗位，拿那么高的薪水，就要有能够匹配得上高薪的表现！"而这些经理却并不把刘睿的怒火当一回事，他们认为，自己在其他公司也一样可以拿高薪，而且自己也花费了精力去处理事情，就自己的资历和技能来说，拿比一般员工高得多的薪水是理所应当的事情。

刘睿希望有这样一套体系，能够让自己对员工能力进行充分评估，并可以以此为依据做出合适的工作安排和薪酬安排。

刘睿所面临的问题主要是公司缺乏薪酬提升机制和岗位晋升机制，对员工的真实能力也缺乏观察办法，这使得员工对公司安排产生不满，而公司又缺乏有效的解决方式，从而导致一系列问题的出现。

以上的问题在中小微企业管理中非常常见，一方面由于企业盈利规模有限，无法以支付高工资的办法掩盖薪酬差异较大产生的矛盾；一方面由于企业管理粗放，企业经营者对员工能力无法有效评估，造成高工资员工不一定能够创造出与其工资相匹配的价值，而较低收入的员工却能够创造较高的实际价值。

4.3.2 全新的解决思路：游戏设计论

游戏设计论是近年来管理界比较流行的管理思路，旨在利用电子游戏对人的吸引机制，将其设计到企业管理过程中，其要点在于以下几点。

1. 完成任务有可预期的奖励

在传统的管理思路下，企业经营者将员工完成职责范围内的工作任务视为员工工作的题中应有之义，不会对常规工作任务予以口头或物质的奖励，这往往造成员工对常规工作感到厌倦。而在电子游戏中，玩家完成任务几乎都会得到相应的奖励，形成正反馈机制，因此玩家会长期受到游戏的吸引。

正反馈机制正是管理游戏化的基础，其思路在于认可员工在工作中的一切有效劳动，并通过薪资机制或荣誉机制对其完成的有效劳动进行公开的肯定。因此，设计适应管理游戏化的薪资机制和荣誉机制就显得尤为重要。

如前章节所述，对有效劳动的认可可分为绩效工资（按员工有效劳动所达成的目标）、业绩提成（按员工劳动为企业带来的盈利）和奖金奖励（未制度化的奖励救济）三个部分，因此企业的管理游戏化也通常针对此三个部分的劳动回报进行设计。

强化有效劳动报酬所占份额、弱化无效劳动报酬所占份额，是本书对于劳资管理的基本观点。因此本书中有关劳动报酬的相关论述与管理游戏化是基本契合的，具体薪酬设计方式参见本书中有关薪酬体系设计的相关章节即可。

2. 通过较短的目标线程设置使得激励频繁化

管理游戏化崇尚“小目标”而非“大目标”，即在目标设置上，以员工可以在较短时间内达成的目标为主要目标。设置“小目标”的好处在于：其一，提升了员工达成目标的频繁度，使员工能够得到更快更多的奖励刺激（而非更慢更大的奖励刺激），使员工积极性大为增强；其二，将企业的“大目标”拆解为“小目标”的过程本身就是对工作的细化，有利于企业更系统化地进行目标管理；其三，与“大目标”相比，“小目标”的达成更为容易，对于员工而言，目标难度也大为降低（事实上企业完成大目标的难度并无变化），能够更好地帮助员工建立工作信心。

然而设置“小目标”也是有其弊端的：第一，如不强调“大目标”，员工容易在工作中“只见树木，不见森林”，其协作意识也会有所下降，因此企业需要在“大目标”得到全面而深刻的宣贯后，进行对目标的拆解；第二，员工完成“小目标”固然付出了有效劳动，但若“大目标”不能达成，则其劳动价值就会大打折扣。

因此企业可考虑将目标机制的奖励分为两部分：第一部分为达成“小目标”的奖励，此部分奖励设置密度大且花费较小；第二部分为达成“大目标”的奖励，此部分奖励设置密度固然较小，但单宗奖励设置花费较大。通过此二者的结合，实现企业在员工积极性和劳动价值两者之间的平衡。

3. 回报的浮动

与前两点相关，管理游戏化必然需要浮动的回报机制，以使员工深刻地了解到所付出的有价值劳动与自身所获回报密切相关，并且在频繁密集的目标达成中获得回报。相关论述可参见本书中有关薪酬体系设计的相关章节。

在游戏中，人物的能力往往是数值化的、可视化的，这对玩家有两大意义：其一，使玩家能够清楚游戏人物的能力，分配给游戏人物能够胜任的工作；其二，使玩家对自己在游戏中扮演的人物能力有所了解，并能够依据现有的能力数值，决策需要作何方面的能力提升。

由此我们可以了解，数值化的、可视化的能力评估对于企业的意义。一则，企业经营者既能够根据员工的能力数值决定其可以担纲什么任务，又降低了用人不当所带来的风险；二则，企业员工可以根据自己的能力数值明白自己的短板所在，有针对性地进行学习和提升。

事实上，企业人员的可量化能力评估被许多企业所忽略。客观地说，大多数企业对于人力资源的使用仅遵从以下几点原则。

（1）有可以使用的劳动时间；

（2）有可以使用的劳动技能；

（3）有相关的工作或管理经验。

可以发现的是，如此的人力资源使用标准无疑是粗糙的、不全面的、有可能给企业带来风险的、很难对应项目所需进行量化的。因此，可量化的企业人员全面能力评估不仅是管理游戏化的关键所在，也是企业应当开展的重要工作。

企业首先应当厘清不同岗位所需要的能力，并通过能力的综合计算，使能力与岗位工资相挂钩。需要强调的是，能力与岗位工资挂钩的意义是非常巨大的：其一，使员工有明确的涨薪预期，明白自己的能力突破能够带来快速的物质回报，而非传统企业中实施标准不明确的涨薪，让员工在涨薪预期受到挫折后失去耐心和斗志；其二，企业规避了高薪招聘高技术、高素质岗位的失望风险，由于能力的阶段性评定与岗位工资本身是相关的，因此对于高薪低能的员工，其薪资可以得到快速的调整。

4.3.3 如何实现员工管理的数值化

管理游戏化的优点在于数值化和可视性，以及短期目标达成带来的激励效应。那么，如何实现能力评估与岗位工资之间的挂钩关系？如何使员工的能力实现数值化呈现？在此，我们以广告公司为模型，将员工能力数值化的管理办法列举为以下几点。

1. 设定员工能力列表

要实现综合性的有效岗位能力评估，最重要的是根据岗位需要的能力建立岗位能力列表，即对于企业各个岗位所需的能力，分别予以标准化。所需标准化的能力包括两大板块：第一是资历、工作态度、沟通能力等基础能力；第二是将岗位本身分解而得到的各项专业能力。以表4.2为例。

表4.2　员工能力综合测评例表（以平面设计师为例）

基本面–综合能力	设计能力
	客户沟通
	工作意识
	劳动纪律
	团队协作
	经验资历
核心能力–设计能力	设计创意
	美学基础
	材质制作
	软件数量
	设计效率

在对岗位所需的能力进行逐项归纳后，所需进行的就是对各项指标进行评分。能力的评分，对许多管理者而言是一个极为困难的过程，然而只要把握“按职级制定评分标准”和“能力分阶清晰化”两个要点，管理者就可以轻松地对各个岗位人员进行客观合理的评分。

2. 按职级制定评分标准

将能力级别对应企业的职级进行划分，企业经营者根据某一职级需要的能力制定其分值。一般而言，以百分制为标准，我们将职级与能力分值赋予以下的几种关联关系。

（1）总监（高级经理人）：所需各项能力分值平均数在80~100分；

（2）经理（一般经理人）：所需各项能力分值平均数在60~80分；

（3）专员（一般员工）：所需各项能力分值平均数在40~60分；

（4）实习（留待培养和考察的员工）：所需各项能力分值平均数在20~40分；

（5）淘汰（能力不足需要淘汰的员工）：所需各项能力分值平均数

在0~20分。

在赋予了不同职级相对应的能力分值后，我们可以根据职级所需，对员工的各项能力进行评分。这样，我们也能够通过员工的评分确定员工适合担纲何一职级的工作。

3. 能力分阶清晰化

所谓能力分阶清晰化是指，以百分制为标准，将能力分为若干阶，每一阶的评分标准都是清楚的、不容易引发争议的。良好的能力分阶清晰化可以让员工自评与企业评分保持高度一致，从而让员工对企业管理者的能力评定和岗位工资调整服膺。以沟通能力为例，以百分制为标准将其分为十阶，每一阶的清晰性可参照表4.3。

表4.3　员工能力分阶评分例表

级别及对应评分标准		备注
总监级别：80~100分		在此分阶可考虑分配其高级经理人职务
90~100分	大范围保持良好业务来源关系	作为经理人能够大范围地与客户保持紧密联系并频繁成单，为企业提供可观的盈利
80~90分	能够发掘客户需求并成单	在企业内，有独立挖掘客户需求并成单的实战案例，并且有一定的频率
经理级别：60~80分		在此分阶可考虑分配其一般经理人职务
70~80分	能够独立沟通高端客户经理人及中小企业主	经理人的专业能力和沟通能力足以胜任与客户高级经理人或中小企业主的独立沟通并有对应的沟通经历，且未出现失误
60~70分	能够独立沟通普通客户或重要客户员工	经理人的专业能力和沟通能力足以胜任与客户的普通员工或一般管理岗位员工独立沟通的工作并有对应的沟通经历，且未出现失误
专员级别：40~60分		在此分阶可考虑分配其一般员工职务
50~60分	能够顺利进行客户联络工作	能够胜任一般的客户联络沟通工作，有相关的沟通经历，且未出现失误，但对于专业性较强的沟通或一般经理人层次的沟通还力有未逮
40~50分	表达清晰有重点	沟通清晰有条理，在汇报工作、协调事项时，能够让接受信息者快速理解沟通要点
实习级别：20~40分		在此分阶可考虑留待培养和考察

续表

级别及对应评分标准		备注
30~40分	表达基本清晰	沟通清晰有条理，能够快速清晰地表达沟通意图
20~30分	有正常的语言能力	有正常的语言能力，但限于沟通能力，业务理解不足，不能快速清晰表达沟通意图
淘汰级别：0~20分		在此分阶应予淘汰
10~20分	不能进行正常的沟通意图表达	口吃、文化层次过低、业务能力过低导致不能与企业内部人员或外部人员相互理解和沟通
0~10分	无语言能力	完全缺乏正常的语言能力

备注：必须满足下一阶评分条件方能考虑评定为更高阶分数，所有评分中，除学历、资历等不可改变的评分条件外，必须满足低分项目的标准，才能评定高分项目。例如，某员工符合50~59分标准，但不符合40~49分标准，则评分仍不得高于49分。

在企业进行岗位设计时，针对各个岗位的能力需求制定评分标准，以实现人力资源的精益化管理。评分标准的制定固然是繁琐的，每一岗位需要制定上百条能力标准，但是能力评分标准的形成对于企业人事任用和员工自我提升有相当明显的促进作用。

4. 形成完善岗位评分表

在制定出各个岗位的要求能力列表以及各项能力评分的依据后，即可形成岗位综合评分表，如表4.4。

表4.4　岗位能力评分例表（以平面设计师为例）

能力分类	能力项目	分阶划分	能力评分（填具项）
基本面–综合能力	设计能力	分值标准	实际评分
	客户沟通	分值标准	实际评分
	工作意识	分值标准	实际评分
	劳动纪律	分值标准	实际评分
	团队协作	分值标准	实际评分
	经验资历	分值标准	实际评分

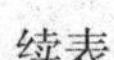
续表

能力分类	能力项目	分阶划分	能力评分（填具项）
核心能力–设计能力	设计创意	分值标准	实际评分
	美学基础	分值标准	实际评分
	材质制作	分值标准	实际评分
	软件数量	分值标准	实际评分
	设计效率	分值标准	实际评分

备注：其中，设计能力划分为设计创意、美学基础、材质制作、软件数量、设计效率五个板块，设计能力的分值为五个板块评分的平均数。

在依据能力评分进行管理的方式上，可参考以下内容。

（1）平均分低于20分不可录用，20~39分可以实习，40~59分可以担任专员级别岗位，60~79分可以担任经理级别岗位，80~100分可以担任总监级别岗位；

（2）在员工入职之前按照岗位预期进行评分和试用薪酬制定，试用3个月后进行综合评分，并依据评分确定是否留用，如留用则需根据能力评分制定转正后薪酬；

（3）部门负责人每季度应根据员工评分标准，对部门员工给出明确的提升意见，以帮助员工成长；

（4）经理级别以下的员工，长期能力无成长的必须警告，警告无用的，企业可考虑予以淘汰。

由此，企业可实现对员工能力的综合评定，实现数值化的员工能力管理，并通过能力评分数值除以现有薪资，来了解各个员工之间的性价比，并据此为参考设置各个层级的岗位工资。

4.3.4 员工能力的可视化

在能力评定已经数值化的基础上，员工能力的可视化工作相对简单。我们通常采用柱状图追踪员工的能力成长，通过多边形图对各个员工的能力进行直观了解和对比。具体的可视化表现办法可参见图4.1。

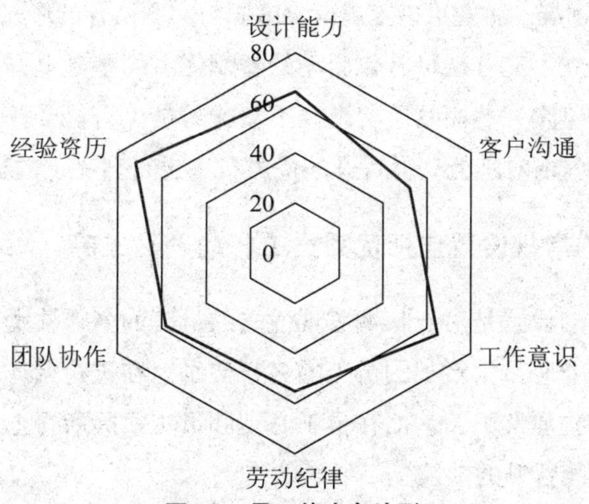

图4.1　员工能力多边形

需要注意的是，员工能力的可视化是与数值化紧密结合的，不能建立在数值化基础上的可视化管理并无实际意义。在评估数值化和能力可视化模式建立后，企业可根据其进行数值的、可视化的员工能力图梳理，对员工进行更为合理的工作安排。

4.3.5　付出与回报应成明显的正相关关系

付出即有回报是管理游戏化的重要指导思想。在上文中，我们已经解决了员工付出有效劳动即有回报和员工能力提升即有回报的薪酬管理机制问题。

在游戏设计中，玩家的游戏时间与游戏所得往往不一定呈完全的正相关关系，因此，为彰显玩家在某方面所达成的成就，或玩家在游戏中的资历，游戏往往采用成就系统或称号系统实现对于玩家的激励。

如此的设计思路对中小微企业的管理有一定的启发意义。事实上，中小微企业由于规模有限 ，管理岗位自然也就有限，经理人的工作只能由最为优秀的员工来担纲，而对于其他员工，则无法给予其升职机会作为奖励。

长此以往，中小微企业较为稀少的晋升机会将会消磨相当一部分员工的意志。面对此种情况，企业可借鉴虚衔、虚职与实职结合的形式进行救济。

在企业建立了充分认可有效劳动的薪酬体系的基础上，员工的功劳已经获得了物质奖励，然而物质奖励并不意味着员工有机会获得晋升机会，因此需要设置虚衔对不能获得晋升的优秀员工进行名义上的奖励。

1. 虚衔的常规设置包括优秀员工、功勋员工等

优秀员工的设置是对于长期表现优秀的员工的名誉奖励，而功勋员工的设置是对企业有重大贡献的员工的名誉奖励。在进行名誉奖励的同时，可配合奖金等物质奖励，从而在员工心理和员工实际所得上，弥补能力与贡献足够但不能晋升的缺憾。

2. 虚职的常规设置包括委员、助理经理人等

委员意味着，在企业管理层进行项目讨论的时候，担纲委员的员工在会议中有列席权和建议权。作为委员的员工，实际职务并没有发生变化，但在部分决策上享有话语权，既让员工能够更积极地参与到企业事务中来，理解企业的决策意图，又让员工感受到自身地位有所提升。

助理经理人，在企业内的通用名称包括总监助理、经理助理等，其特征是职务并未提升，但增加了协助上一级领导安排工作的职责，自然也享有了协助经理人进行工作安排的权利。

在采取虚职与实职结合的形式进行救济的过程中，还可考虑采用岗位津贴的形式对委员和助理经理人进行相关的配套激励。

4.3.6 关键绩效指标（KPI）是实现游戏化管理的基石

由于管理游戏化是以短期目标、能力评定、偏向有效劳动的薪酬体系、荣誉职衔奖励为基础建立的管理体系，因此需要明确有效的KPI考核制度来作为短期目标和绩效薪酬的制定依据。本部分将在下一节中进行详

细阐述。

4.3.7　游戏设计论要点总结

关于管理游戏化，我们强调了以下几个问题。

- 管理游戏化有助于企业管理者更好地把握目标和人力资源情况；
- 管理游戏化有助于员工更好地完成自评和提升；
- 虚实职务结合有助于企业在缺乏足够晋升空间时对员工进行激励；
- 能力评定是数值化管理团队的基础；
- 目标制定频繁化、短期化是管理游戏化的重要特征。

4.4　KPI的制定思路与技巧

4.4.1　实例故事：庞大KPI带来的严峻压力

何蓓是某公装公司的客户经理，主要负责公司的销售工作。随着公司的发展，制度也不断完善，一系列KPI考核制度随即出台，然而何蓓很快感受到了来自KPI考核的困扰。

公司给客户经理岗位制定的KPI考核可谓事无巨细，不仅有对于业绩的要求，对于考勤签到、仪容着装、部门配合等也都有相对应的考核制度。最让何蓓郁闷的是，按照道理来说，自己只负责引入客户，至于客户是否成交是售前工程师的事情，然而在自己的考核中，竟然也有对成交率的考核。此外，作为日常在外与客户接触的客户经理，本来考勤签到就和一般岗位有所区别，然而目前制定的考核标准却要求外出需要提前一个工作日报批申请，流程走完才能够外出，这无疑为何蓓增加了很多麻烦。

因此，何蓓和公司高层进行了沟通，公司高层却认为KPI考核的合理性毋庸置疑，并列举了许多同行的KPI考核证明其合理性。申诉无果的何蓓只得在自己并不接受的KPI考核指引下继续自己的工作。

公司高层也没有料到KPI的考核会在年底引发轩然大波，如果说KPI考核内容过杂只是员工的口头抱怨，年底对业绩的考核就让员工开始“用脚投票”了。客户经理纷纷提出，之前制定的业绩KPI过高，公司高层没有基于现有客户保有量进行合理评估，就想当然地抛出了高指标让大家完成，不能达到就在年终扣客户经理的绩效工资，实在太不合理。几名资深的客户经理一面与高层理论，一面打了辞职报告。

不得不重新审视公司KPI考核的高层开始找何蓓谈话，让她对KPI考核的规划提出建议，然而何蓓也只能从表面上提出现行KPI考核的不合理之处，对于如何制定新的KPI考核，何蓓也没有更好的建议。何蓓心里想：公司要通过KPI考核实现更好的发展，这是可以理解的，但是员工不能完成过高过全的KPI考核，也在情理之中，看来双方的出发点也都没有错误，但是怎么导致了如此严重的后果呢？

KPI是我们在绩效管理当中经常使用的概念，在销售、行政、售后、市场等方面的工作中，如需设计绩效奖惩制度，我们都会看到KPI的身影。然而由于中小微企业的职能细化程度较弱，因此在KPI设计的过程中，中小微企业主往往对其赋予了过多内涵，使其不仅不能够帮助员工更好地完成工作，还加重了员工的负担，阻碍了企业既定计划的实施。

所谓KPI，其全称为Key Performance Indicator，即关键绩效指标。作为一种考核的指标，其字面精髓不在“绩效”上，也不在“指标”上，而在“关键”上。企业固然有绩效制度和考核的各项指标，然而将其作为制度进行建设，考验的是企业经营者在众多绩效指标中把握重点指标的能力，唯有把握住重点指标，才能使员工明确企业赋予的核心任务，从而合理有效地安排工作。

而许多中小微企业主往往将理解重心放在了“P”（绩效）和“I”（指标）两个字母上，而忽略了“K”（关键）在KPI中的重要性，故而在KPI考核制度的设计上，往往事无巨细，使员工不得不将大量的精力投入非关键绩效指标的考核上，重大的企业决策和计划反而不能得到全力推进。

4.4.2　“K”具有唯一性

如前所述，在设计KPI考核制度的过程中，企业经营者需要把握住企业最需员工解决的关键点，并将其作为关键的绩效考核点列入考核制度的设计之中。正常情况而言，每个员工的关键绩效考核点只能有一个，以保证“K”的唯一性。

保证“K”的唯一性，能够规避考核点的纠缠，所谓考核点的纠缠，就是指员工面临过多的考核项目，导致此事完不成，则可能推诿声称因此事影响彼事完不成，又推诿声称受此事影响，长时间纠缠，任何一个考核项目都可能不能完成。作为企业经营者，实不能过高估计员工对各个考核点的重要性都有全面而深刻的认识，或是有超人的意志及时间管理能力以应对繁多的考核内容。

对于“K”的唯一性，不能机械地理解为“唯一”，而是要按照二八原则的思路去进行理解，即员工所付出的劳动，其中20%的劳动为企业带来80%的收益，这部分劳动我们称之为高收益员工劳动，剩余80%的劳动仅带来20%的收益，这部分劳动我们称之为低收益员工劳动。那么在制度设计上，找到了20%的高收益员工劳动部分，并不代表我们完全不需要考虑低收益劳动部分，但在考核上我们应该予以区别。

4.4.3　如何找到唯一的“K”

我们在寻找唯一的“K”时，需要面对这样一个事实，唯有企业对自身有目标和计划，才能指望员工有目标和计划。许多企业无法制定出合理的KPI考核制度，也是由于企业自身发展缺乏长期目标和阶段性目标，从而无法从既有的目标中拆分出相关的目标作为员工的KPI考核点。

因此我们认为，KPI的制定应当是一个从上至下的过程，企业的每一个层级都应当制定相关的KPI。对经营者的KPI进行拆分，即成为经理人的KPI；对经理人的KPI进行拆分，即成为普通员工的KPI。

在企业制订合理的目标和计划并将其拆分为各个层级的KPI后，能够成为唯一的“K”的考核项目也只存在以下几个。

1. 市场指标

B2B类型企业一般不存在市场指标，销售指标即是B2B类型企业的市场情况的反映。

2. 销售指标

销售指标指以营业额、利润额、成交客户数量作为考核的相关指标，此指标是企业经营的重要指标，也是企业经营者必须负担的指标。例如企业建立了销售团队（客户拓展及客户维系团队），也有必要将此指标拆解并下放到部门及员工层面。

3. 品控指标

品控指标指以良品率、服务满意度、方案通过率等作为考核的相关指标，此指标是业务消化的重要指标，由于企业经营者一般不负责具体的业务消化工作，因此此指标可作为企业目标，直接下放到部门。

4. 售后指标

售后指标指以投诉量、投诉率、回款率、售后创收业绩等作为考核的相关指标，此指标同是业务消化的重要指标，其设计思路如上一条。

5. 采购指标

采购指标指以阶段成本比例、供应商数量、人力资源费效比、企业阶段总成本比例等作为考核的相关指标项目，此指标同是业务消化的重要指标，也是企业成本控制的重要体现，但由于企业经营者一般并非采购的实际执行人，因此此指标应作为企业目标直接下放到部门及员工层面。

因此我们可以很清楚地看出，以上几个指标对部门有明确的指向。

（1）销售/市场指标——客户/销售部门；

（2）品控指标——生产/检验/创作/企划/开发部门；

（3）售后指标——客情/售后部门（如不提供实体产品或技术产品的企业可不考虑本条）；

（4）采购指标——行政/人事部门。

依据此指标项目的指向，我们可以很轻松地将企业目标拆解为若干个唯一的“K”，并下放到部门层面及员工层面。

4.4.4　“K”的拆解

“K”的拆解指的是在将企业目标下放到部门或员工层面时，针对所需不同层面进行的关键考核项目进行的拆解。我们固然不能够要求普通员工负担企业级的KPI，也不能够指望将所有KPI放在关键的部门经理和核心员工身上，因此对KPI的合理拆解就显得非常必要。

KPI拆解的首先一步是根据部门划分进行拆解，在此需要注意的是，为避免考核内容过多过杂，应当在每个部门根据不同的部门职能指向进行拆解，在前文已有阐述。其次，就是根据部门员工的不同分工进行拆解，此部分的拆解更为复杂，并非单纯的指标拆解可以解决。

例如，就公装公司的销售工作而言，如销售部门中设有销售专员、部门内勤、工程师等岗位，那么以100万元的部门销售任务为例，就可以用以下的拆解形式。

1. 销售专员

销售专员的KPI拆解有两种形式，其一是引入集客总量，即引入的客户数量需要达到何等指标，在现有成交率的基础上可以完成100万元的部门销售任务，这种拆解形式在公司采用“集客-方案-成交”的业务流程下是有效的（即销售专员只负责客户的初步引入，由售前工程师出具方案和报价，方案及报价达到客户期望后才签约的情况）；其二是签单额，即实际成交的客户项目金额，在公司采用“集客-成交-方案”的业务流程下是有效的（即销售专员引入客户并谈判成交后，售前工程师才对其出具方案）。

2. 部门内勤

部门内勤的一般本职工作并非引入客户和项目，因此不能简单地将部门业绩指标下放至部门内勤处。对于此类辅助性的职位，自身产出不可量化，因此应当以对其配合与支持的工作进行考核，即部门内勤在材料准备、财务流程、内部行政上，是否对相关销售人员进行了有效的支持。相关销售人员对其评价如何。

3. 工程师

工程师的业绩需要根据企业的业务流程进行判断，同样分两种形式。其一，如企业主要采用“集客-方案-成交”的业务流程，那么实际上工程师所应当受考核的指标为成交率，即当销售人员引入集客总量达到预期规模时，工程师应保障何等的成交率才能够帮助部门完成100万元的销售任务；其二，如企业主要采用“集客-成交-方案”的业务流程，则实际上工程师的职能与引入业绩并无太大关系，更多是为销售专员完成后的工作作技术支撑。

也就是说，由于各个企业的部门配置是千差万别的，企业经营者需要根据行业特征、业务类型、业务流程等方面界定各个岗位在部门KPI的达成过程中究竟扮演何等角色，才能够督促部门制订出合理拆解岗位KPI的计划。

4.4.5　其他绩效考核内容应如何体现

非关键的绩效指标项目应以较小的比例在KPI中进行体现，由此，企业经营者既能够通过绩效对员工进行较为全面的约束和激励，又避免了非关键绩效指标项目在实操过程中对企业重要计划的干扰。

但是，无论KPI如何反映非关键绩效指标项目，一些项目内容都不应被列入KPI考核，它们包括以下几个方面。

1. 应属于行政考核的部分

仪容仪表、上班考勤等办公室纪律，此部分内容固然重要，但应属于行政考核，由办公室进行直接奖惩，纳入KPI考核只会让考核项目显得杂乱且缺乏重点。

2. 与总体目标达成并无关联的部分

如员工是否尊敬上级领导、是否与团队相处融洽等，此部分内容属于企业文化，不应当在KPI考核中呈现。

4.4.6　制定KPI规划的决策依据

在B2C领域，部分行业存在由厂家制定最低的销售配额，经销企业必须完成销售配额方能够保证盈利的情况（如汽车经销、商贸批发等），其经营要素是产品资源，因此其KPI规划是一个从上至下进行制定的过程。而B2B领域有所不同的是，事实上B2B类型企业更多从事的是对甲方的服务工作，其业绩表现是由团队的客户维系能力和业务消化能力所支撑的，其经营要素是团队支持，因此其KPI规划的指定更多是“从下而上的统计”和“从上而下的战略”两方面的结合。

1. 从下而上的统计

何谓“从下而上的统计”？以销售业绩的KPI规划为例，“下”指的是所有与业务来源有关的人力资源，不仅包括普通的销售人员，甚至也包括企业经营者，从此部分团队得到的业绩预估才是基于企业现有能力的合理评估，而“上”指的是企业作出的最终销售业绩KPI规划决策。

也就是说，B2B类型企业的KPI规划，应该是基于现有团队的判断，以及结合企业的能力所得到的判断。

2. 从上而下的战略

何谓“从上而下的战略”？也就是说，基于原有的团队作出的业绩判断是一个相对“静态”的规划，并未考虑到团队规模扩大或水平提高所可能带来的更大业务体量、更大产品性价比进一步提升可能带来的更大市场空间与售后工作完善后可能带来的更多老带新业务等内容。而团队的优化与否、产品成本控制或设计优化与否、售后体系完善与否，则是受到决策层控制的，因此决策层应基于此方面的评估（服务能力优化带来的业务体量提升）作出相应的KPI规划决策，从企业战略层面对基于团队现状所收集的业绩预估进行修正。

4.4.7 KPI制定技巧要点总结

关于KPI的制定，我们强调了以下几个问题。

- KPI应围绕岗位的核心任务进行制定，而非面面俱到；
- KPI应当是基于企业目标，层层下放目标责任而产生的；
- 需要考虑企业的发展趋势，以确定KPI的目标；
- 需要评估基层当前的真实能力，以制定较为合理的KPI；
- 针对不同岗位，应有不同的KPI拆解方式；
- 某些与绩效目标无关的事宜不宜被列入KPI考核。

4.5 企业控制论与层级反馈

4.5.1 实例故事：企业运转情况脱控的管理者

罗敏经常觉得自己的企业存在一些问题，企业中的许多事情自己并不知情，也没有人能够告诉她各项事务的进展，因此罗敏经常找员工谈话，希望能够了解到自己企业的真实运转情况，但收效甚微。罗敏的感觉很快得到了证实，一个重大的项目出现了严重疏漏，其原因就是项目人员没有就指导项目可能存在的问题逐级反馈给罗敏。

于是罗敏在企业里严令各个部门经理发现问题后必须汇报，如不能及时汇报的，出现问题一律从重究责，如果及时汇报，可以全部或部分免除责任。

不料，在这个指令下发后，罗敏就成了企业的救火队员，许多部门经理明明能够自己处理的问题，却因为害怕承担责任，统统汇报到罗敏处等待罗敏的指示。为此，罗敏在一次全员大会上大光其火："什么小问题都解决不了，我请你们有什么用！"

然而发火并不能解决问题，企业的状况在罗敏的调整中不断摇摆，始终不能达到一个合理的状态。罗敏为此很苦恼：想了解到企业运转情况，就真的那么难吗?

罗敏面临的问题，事实上是企业的实际运转情况已经脱离了她的掌握。这种情况不仅仅在中小微企业中存在，许多大型企业也面临如此的状况。当企业经营者失去了对企业实际运转情况的掌控，不仅无法对具体事务作出有效决策，更有可能被中层架空，失去最基础的企业安全保证。

4.5.2 控制论在企业管理中的概述

"控制"的定义是，为了"改善"某个或某些受控对象的功能或发展，需要获得并使用信息，以这种信息为基础而选出的、并用于该对象上的作用，就叫作控制。由此可见，控制的基础是信息，一切信息传递都是为了控制，任何控制又都有赖于信息反馈来实现。信息反馈是控制论中一个极其重要的概念。通俗地说，信息反馈就是指由控制系统把信息输送出去，又把其作用结果返送回来，并对信息的再输出产生影响，起到制约的作用，以达到预定的目的。

控制论，是许多学科中的重要理论。简单说来，就是一种机器，我们在操作它的时候，如何知道它是否运转，运转得如何，从而实现可控且有效的操作。我们可以发现，在许多设备上，都有许多红绿色的小灯，当机器正常运转时，小灯发出绿色，当机器运转失灵时，小灯发出红色，机器操作者就可根据红色小灯所关联的机器部位，对机器部件进行维修或更换。这种小灯，就是控制论的具体体现。

企业在某种程度上来说是企业经营者的盈利机器，机器的顺利运行离不开企业经营者对于各个关键事项的监控和掌握，否则，企业中各项事务就会脱离企业经营者的规划和控制，逐渐丧失其盈利功能。因此，企业经营者需要能够有效地掌握企业的各项信息，以便于实现对企业的控制。

4.5.3　记录是控制的基础

若无对于企业运转信息的记录，对企业运转情况的控制和修正自然也无从谈起，因此我们需要一套齐备的信息记录机制。

信息记录机制，即记录企业各项事务运转的机制。对于企业各项事务的记录，能够帮助企业经营者和各级管理人员了解企业的进展情况，以便随时对其发展态势予以修正。一般而言，企业基础的信息记录机制必须包括财务流水、人力分配、项目立项及进度、员工日清及部门周报等。

1. 财务流水

财务流水主要是对企业资金状况的记录，以便于企业经营者和管理者能够通过财务流水了解企业各个阶段的财务状况，并以此进行决策。完整的财务流水统计表应至少包括表4.5所示的内容。

表4.5　财务流水统计表

流水明细	企业银行各项流水按时间排列的明细收支	
总览-收入部分	业务收入总额	企业银行账户收入部分的总计
	各项业务收入列举	按项目对各项业务收入进行列举，与流水明细不同的是，流水明细所记录的收入是以流水计算的，而此处记录的是以项目计算的
	实收比例	实际项目收入/企业全部应得收入
	未收款及比例	甲方尚未付款的总额统计 甲方未付款款项总额/企业全部应得收入 如严重超出付款期限的应标注目前延迟付款的周期
总览-支出部分	项目支出	各个项目的支出总额以及全部总额的统计
	人事支出	各月度人事支出的总额统计 如有必要可作年度统计
	公关支出	按月、季度、年进行公关支出的统计
	银行支出	按月、季度、年进行银行扣费的统计
	税务支出	按月、季度、年进行税务支出的统计
利润率	阶段净利及比率（实际）	阶段净利润=企业阶段收入－所有阶段支出 （即按实收款项总额计算净利润） 并计算阶段净利在企业阶段收入中所占比率
	阶段净利及比率（理论）	阶段净利润=企业阶段合同收入－所有阶段支出 （即按应收款项总额计算净利润） 并计算阶段净利在企业阶段收入中所占比率
	阶段毛利及比率（实际）	阶段毛利润=企业阶段收入－所有项目支出 （即按实收款项总额计算净利润） 并计算阶段毛利在企业阶段收入中所占比率
	阶段毛利及比率（理论）	阶段毛利润=企业阶段收入－所有项目支出 （即按应收款项总额计算净利润） 并计算阶段毛利在企业阶段收入中所占比率

2. 人力分配

人力分配是指企业当前各个部门的人力配置情况与各个项目的人力分配情况，根据此表企业经营者和管理者可以据此判断部门的人力资源是饱和还是紧张、各个人员工作负担如何、项目人力配置是富余还是紧张等。一般而言，对人力分配的记录需要体现如表4.6所示的内容。

表4.6 企业人力资源配置状况表

部门划分	部门员工	参与项目	项目职责
部门名称	部门员工列表 可备注现行薪资	依据部门员工列表列明员工的参与项目 可备注参与项目的协议金额	员工在项目中的职责以及处理的事项

3. 项目立项及进度

项目立项可以使企业将精力聚焦到更需要投入的事务上，尤其对于B2B类型企业而言，项目立项往往意味着项目状态从“谈判中”转入到“实施中”，相关的人力资源、产品资源、财务资源等开始向立项项目进行转移。而项目进度可以让企业经营者和管理者更好地把握项目目前的开展情况，对可能或已经出现的问题进行判断。项目立项需要记录的信息如表4.7所示。

表4.7 项目立项表

客户名称	甲方企业的名称
客户备注	对甲方企业客户关系的叙述，包括是否长期合作，或是否有长期合作的可能，与企业现有的公共关系程度
项目名称	项目的名称
项目备注	项目重要与否，是否有特殊的客户意义等
协议金额	项目的签约金额及付款方式
立项时间	项目立项的时间
项目转手人	项目前期的引入者或谈判者，指促进项目成交并转交给项目负责人进行消化的关键人物
项目责任人	项目的全面负责人
项目人力配属	项目各个板块的人力配属

项目进度需要记录的信息可参考表4.8所示。

表4.8　项目进度表

项目名称	项目的名称
项目预期总进度	预期项目各个主要阶段完成的时间
项目实际总进度	记录项目各个主要阶段实际完成的时间
总体进度责任人	对总体进度负责的责任人
项目预期分项进度	预期项目各个分项的阶段完成时间
项目实际分项进度	记录项目各个分项阶段的实际完成时间
分项进度责任人	对分项进度负责的各个责任人

3. 员工日清及部门周报

员工日清是员工对自己每日工作的总结，企业的部门管理者由此掌握各个员工的每日工作情况。部门周报是部门每周工作的总结，企业经营者由此掌握部门当前的运转情况。

（1）员工日清应包含表4.9的相关信息

表4.9　员工日清表

员工姓名	提报日清的员工姓名
记录时间	日清记录的时间
当日处理事务	当日处理的事务，以及每项事务耗费的时间
次日处理事务	预计次日进行处理的事务
遗留待处理的事务	预备当日处理但当日未能处理的事务
需要配合解决的问题	需要配合或支持方能解决的问题

（2）部门周报应包含表4.10的相关信息

表4.10　部门周报表

部门名称	提报周报的部门名称
记录时间及记录人	周报记录的时间，周报的记录人
本周处理事务	本周已经处理的事务
次周处理事务	预计次周进行处理的事务
遗留待处理的事务	预备本周处理但本周未能处理的事务
需要配合解决的问题	需要配合或支持方能解决的问题

企业经营者对于企业信息的把握，即是通过以上类型的信息记录完成。良好的信息记录机制，能够有效促进人力资源、资金管理、项目管理等方面工作有序开展，同时也是企业经营主实现对企业经营控制的基础。

4.5.4 反馈信息收集是实现控制的主要方式

通过良好的信息记录机制与信息反馈机制的结合，企业经营者即可获得较为真实可靠的企业运转信息。

信息反馈机制，即企业中对管理者所需要的各项事务常态的反馈机制。良好的反馈机制，包括进度反馈、状态反馈、成果反馈、问题反馈等，是企业经营者和各级管理人员制定相关决策的依据所在。通常而言，企业经营者可以通过会议机制与责任压力相结合，完成对企业各层级、各项目的反馈信息收集。

1. 通过责任压力保证信息反馈

良好的信息反馈制度是由合理的责任压力保证实施的。由于企业经营者无法亲身了解企业各个板块的运作，因此各个负责人应当对责任板块所出现的问题对企业经营者进行汇报，问题汇报应与风险责任追究相挂钩，其模型如下。

（1）责任人发现问题—责任人不能解决—责任人汇报问题及风险—责任人部分或全部免责；

（2）责任人发现问题—责任人放任问题—问题严重—责任人汇报问题及风险–追究责任人责任；

（3）责任人发现问题—责任人放任问题—问题严重—责任人承担全部责任。

也就是说，企业经营者作为决策权力最大、经营资源最丰富的管理者，一方面应当认同企业经营中可能出现问题的客观事实，一方面应当配合和协助经理人进行管理。经理人作为部门的管理者，对企业经营的某个板块负有责任，也有责任对负责板块出现的问题进行汇报，如发现问题不能及时反馈，则属于严重的失职行为，如发现问题并予以及时反馈，则属于尽到了反馈责任和管理责任，在责任追究上应当从轻或免责。

如不能够按照此模型进行反馈责任的追究和免除，则是对瞒报、谎报现象的放任，企业经营者也将在这样的情况下逐步失去对企业真实运转状况的掌握。

然而，事有轻重缓急之分，经理人也有责任对能力范围之内的事情进行直接的处理。一旦出现问题，经理人若不论巨细都向企业经营者汇报，不仅浪费企业经营者的管理精力，也会形成人浮于事、推卸责任的不良风气。

因此，与信息反馈的责任压力相配合，企业经营者还应当明确经理人的岗位职责，对其应当自行处理的事务进行界定，实行对经理人反馈的责任追究和业务能力评估相结合的管理办法，具体管理办法可参见表4.11。

表4.11　经理人责任界定标准

经理人表现	责任追究与能力评估
能够自行处理职责范围内的事务 对超出职责范围内的事务和可能导致风险的问题予以及时反馈	无责任，能力优良
对部分职责范围内的事务不能处理，需要上报经营层才能处理 对超出职责范围内的事务和可能导致风险的问题予以及时反馈	无责任，能力一般
能够自行处理职责范围内的事务 对超出职责范围内的事务和可能导致风险的问题不能及时反馈，或不能及时发现应当发现的问题	需要追究责任，能力一般
对部分职责范围内的事务不能处理，需要上报经营层才能处理 对超出职责范围内的事务和可能导致风险的问题不能及时反馈，或不能及时发现应当发现的问题	需要追究责任，能力较差

以上表作为解决思路，企业经营者应当结合企业有关岗位职能、反馈职能的相关制度，对经理人进行相应的处理，以求在“及时反馈问题”和“积极主动解决问题”两者之间实现平衡。

此外，企业内部也应当根据各项事务的具体状况，形成根据事务重要程度与汇报形式相统一的反馈机制，这就是著名的“紧急-重要事项沟通办法”，我们也往往通过此办法评估经理人对具体事务的掌控能力，评估方式详见表4.12。

表4.12　事项沟通方式参照

紧急程度	重要程度	沟通时间	沟通方式
紧急	重要	立即	一切可以立即进行有效沟通的方式
紧急	不重要	立即	以电话、短信、邮件汇报，并着手立即自行处理
不紧急	重要	寻求适当的沟通时间	会议 约谈
不紧急	不重要	寻求适当的沟通时间	书面或口头汇报 自行处理

2. 通过会议机制保障信息反馈

会议是企业最重要的交流方式之一，也是反馈工作的重要载体，因此，会议的制度设计和制度落实，也是企业控制中至关重要的工作。一般而言，B2B领域的企业主要通过表4.13的相关内容建立会议机制，以掌握企业团队的必要信息。

表4.13　会议机制设定参照

类别	会议名称	发起人	反馈内容
项目管理类	项目立项会	项目负责人	项目客户情况、项目内容、项目要点、项目交接情况
	项目进度会	项目负责人	项目进度进展、项目进展中遇到的问题、进度能否保证、是否需要支持或配合
	项目专项会	项目负责人	项目重大突发情况、紧急事件
	项目总结会	项目负责人	项目经验与教训、项目人员的工作情况、项目收支与盈利情况
部门管理类	部门周会	部门管理人	一般员工工作情况向部门负责人的周度反馈
	部门月会	部门管理人	一般员工工作情况向部门负责人的月度反馈
	部门季度会	部门管理人	部门管理人向企业经营者进行的部门情况季度反馈，包括人员流动、部门开支、部门KPI达成情况等
	经理人述职会	部门管理人	部门管理人向企业经营者进行的年度述职，主要包括部门KPI达成情况与部门管理中所出现的问题以及调整计划
财务管理类	季度财务会	财务管理者	季度营业额、季度开支、季度毛利润率及额度、季度净利润率及额度等
	年度财务会	财务管理者	年度营业额、年度开支、年度毛利润率及额度、年度净利润率及额度等

续表

类别	会议名称	发起人	反馈内容
人力资源类	人力资源专项会	人力资源管理者	各部门对自身人力资源的需求反馈、各部门对自身部门人力资源的调整办法、各部门对配合部门的人力资源需求、各部门现有人力资源所需开支及建议开支

总之，经理人通过定期会议收集其责任板块的运转情况，并向企业经营者反馈。如出现需要举行紧急会议的事项，则通过不定期的专项会议收集情况，并向企业经营者反馈。如经理人不能通过会议完成信息收集和反馈，则应当按本书中有关责任压力的部分对其进行究责和处理。

4.5.5　反馈回应是信息反馈机制的重要组成部分

反馈回应，简单说来，即接收到反馈的层级应予反馈层级回应。企业经营者和部门负责人作为接收反馈的层级，如不能够及时有效地对提供反馈的层级予以回应，则不仅会影响到事务本身的处理，也会影响到提供反馈层级的积极性。

那么，企业经营者应当如何对反馈进行回应？这也同样涉及之前提到过的“紧急–重要事项沟通办法”，企业经营者可参照表4.14进行相关事务的反馈回应工作。

表4.14　事务反馈回应参照

紧急程度	重要程度	沟通时间	经营/管理者反馈方式
紧急	重要	立即	了解事件情况，听取汇报，并给予建议，付诸立即的支持或援助
紧急	不重要	立即	了解事件情况，听取汇报，并给予建议
不紧急	重要	说明可以沟通的时间	了解事件情况，听取汇报，并给予建议和相关支持
不紧急	不重要	说明可以沟通的时间	了解事件情况，听取汇报，给予建议，着其自行处理

需要注意的是，由于反馈回应是企业运营过程中极为常见也比较繁琐

的工作，因此企业经营者和各个职能部门管理人、项目负责人之间应当作好分工工作，厘清各项事务所需的汇报层级，明确作为职能部门管理人、项目负责人、企业经营者分别应当听取何种反馈，分别有权限自行处理何种反馈，防止反馈对象过于集中，从而导致反馈回应工作压力过大和反馈回应不及时的问题。

4.5.6 企业控制论要点总结

有关企业运转情况的有效控制，我们强调了以下几个问题。

- 企业应当通过信息记录机制实现企业各板块经营状况的记录；
- 企业得到及时反馈是通过反馈责任压力和会议制度实现的；
- 企业经营者需要实现“反馈免责”和“应尽职责”之间的平衡；
- 良好的会议机制是企业获得反馈的有效办法；
- 接受反馈的层级应当对提供反馈的层级予以及时有效的回应；
- 反馈与反馈回应都应建立在对事项“紧急”“重要”程度的判断上。

4.6 新制度和新项目的两试办法

4.6.1 实例故事：乏力的新项目与新制度实施

刘杰在企业内部推行新制度已经很多次了，每次都是草草收场。去年，刘杰认为企业内部缺乏项目进度管控的条理性，于是制定了项目进度管控的相关制度，制度包括相关的会议、管控标准、监督流程等。然而，制度推行后经理人和员工认为在此制度中，会议的设计过于繁琐，很难执行到位，同时相关的管控标准也比较模糊。刘杰认为制度是必须实施的，于是强行在企业内继续推行制度，然而效果却并不理想，面对刘杰的一系列问责，经理人并不服气，刘杰推行的制度最终沦为了摆设。

近期，刘杰发现了一个可以盈利的新项目，但此项目并不属于企业目前的业务范畴。为了此项目的推进，刘杰开始推动企业转型，然而企业员工却缺乏推动新项目所需的技能，企业也缺乏相对应的管理办法。于是在一边转型一边调整的过程中，企业不仅在新的道路上走得艰难，还损失了既有业务，企业因此受到了重创。

刘杰将新项目的无法开展和新制度的无法实施归咎于企业员工缺乏应有的责任心和上进心，而员工却认为刘杰喜欢空想，缺乏能力。刘杰作为老板与员工的矛盾日益深化和严重，最终刘杰不得不关闭了自己的企业，开始进入漫长的反思阶段。

中小微B2B类型企业在草创阶段，由于企业盈利机制和管理机制尚未成熟，因此通过新项目和新制度，不断尝试新的盈利方式和管理方式，是非常常见的情况。然而，企业起步期的时间成本非常高昂，发展机会稍纵即逝，如不能够有效地推动新制度和新办法的开展，则可能首鼠两端，既不能享受新模式红利，又放弃了成熟的旧模式。

因此，在新的尝试方面，企业应当以“两试法”作为方法论。所谓“两试法”，即“试点”和“试错”。通过试点，了解新办法、新制度在团队中有多大的生命力；通过试错，了解其可能出现的问题，从而进行修正。在试点和试错得到可靠的结论之后，再完成对于试点方案的优化，即可全面、深入地开展相关工作。

4.6.2 新制度的两试法

新制度的试点分为全面制度的试点和局部制度的试点。所谓全面制度，是指针对企业整体的制度；所谓局部制度，是指针对企业某一部分的制度（如部门）。一般而言，由于B2B类型中小微企业规模通常有限，因此针对局部制度的试点往往也就是制度在目标部门内的试错，不存在试点后推而广之的问题。

1. 制度试点目标的制定

制度的推行应有明确的目标，唯有明确制度的推行目标，才能借助试点过程中的各项反馈，实现对试点制度的合理评估。

2. 制度试点周期的制定

制度试点应有周期。试点周期指，制度的试行应当在哪个时间节点进入全面推行、完善后推行、暂时废止的阶段的讨论。如无明确的试点周期，则不能够制订出有效且合理的试点计划。

3. 制度两试对象的选择

为了能够得到最为全面的两试结论，在两试对象的选择上，我们需要考虑到不同两试对象可能产生的不同反馈。我们可以通过选择不同的参照组将制度进行两试，从而考察两试制度在不同参照组中的作用和反馈。因此，两试参照组的设置就显得尤为重要。通常而言，在选择参照组时，我们会考虑以下几方面。

（1）根据工作压力进行选择

各个两试对象的工作压力将影响到两试制度的适应情况，举例而言，工作压力较大的岗位，对较为严格的行政制度往往比较反感，而工作压力较小的岗位，对绩效考核往往不能适应。因此，我们在两试时，最好选择容纳了不同岗位压力级别的部门，让两试能够得到更为全面的反馈。

（2）根据员工素质进行选择

员工素质不同，对同一制度的适应程度与反馈也有所不同。例如，制度中有工作行文方面的要求，高素质员工对此类型要求能够轻松满足，而受教育水平较低的员工就会感到不堪其苦。企业经营者需要认识到，员工素质是受当前薪资水平制约的，在试行制度的过程中，我们一方面应当鼓励员工提升自我、适应制度，另一方面也应当根据现阶段员工的素质去评判制度的设计是否合理。

（3）根据部门协作情况进行选择

在有关工作流程制度的相关设计上，企业经营者需要考虑怎样选择两试对象，才能够全面地体现出流程设计的完整性，否则将不能够得到全面有效的两试结论。

（4）根据岗位级别进行选择

企业制度不仅仅约束一般员工，也约束不同层级的管理者，因此企业经营者在两试时需要考虑到两试制度需要覆盖到何种级别的员工，并观察制度在不同级别岗位上的运行情况。

以上制度两试的内容选择是有条件的，需要企业经营者根据两试制度的不同类型进行深入思考，最终决定以哪几种指标作为参照组选择的原则。

在制度两试过程中，企业经营者需要保持对两试过程的观察，以期得到有效的两试结论。企业经营者应当将新制度的两试分为两个板块来看待，其一是对新制度可能会出现的问题已有预计的部分，其二是在新制度试点开始前所出现的问题中，还暂时不能预计的部分。通过对第一板块的把握，企业经营者可以确定新制度试行过程中需要观察的重点，通过对第二板块的把握，企业经营者可以获得观察的补充。

4. 两试制度的可执行性观察

可执行性是制度实施的第一属性，制度试行最重要的目的就是完成对制度可执行性的观察和评估，在制度的试行过程中，企业经营者对两试的可执行性观察和评估主要包括以下几方面内容。

（1）新制度是否可以普遍达成

如制度对团队要求过高，团队成员普遍不能达成，那么过高的要求自然也就失去了意义。在制度设计过程中，我们应当将期望的设立立足于对现有员工潜能的适度激发上，而非将企业目标全部寄托于员工潜能上。

（2）时间成本是否大于收益

制度的实施往往有配套的文档管理、会议机制，因此我们需要评估，制度实施后带来的管理便利是否能够覆盖制度本身所带来的时间成本。如制度带来的管理便利大，时间成本小，则可以考虑将制度全面深入铺开实施；如制度带来的管理便利明显，受管理者时间成本的增加也同样明显，则制度需要进一步调整和优化；如制度带来的管理便利不明显，而受管理者的时间成本增加明显，则应当废止。

（3）制度的资金成本是否过高

制度的实施不仅可能带来时间成本的增加，也可能带来资金成本的增加，尤其在团队建设、企业文化、企业福利方面的制度实施，都需要一定的资金作为制度支撑。因此在制度试行过程中，也需要观察制度所带来的资金成本是否符合预期，是否与企业的经营状况相匹配。

5. 两试制度的系统自洽性观察

所谓系统自洽性，是指试行制度本身与企业的其他制度、机制和文化是否冲突。缺乏系统自洽性的制度会造成团队的行事标准出现矛盾、制度与制度之间出现矛盾，从而导致企业内部的管理混乱。因此，在试行制度的系统自洽性方面，我们需要观察其以下两个方面。

（1）是否有企业文化冲突

许多企业经营者常犯的错误是，制度的设计与企业文化的设计不能匹配，这容易造成员工对企业所标榜的文化并不认同。

（2）是否与其他制度冲突

企业的试行制度是否与现行制度相冲突也是需要着重观察的问题。企业经营者应当在冲突过程中，根据企业的实际需要，权衡利弊后对试行制度或现行制度的冲突部分进行调整。如试行制度与现行制度存在全面的、广泛的冲突，则应考虑是否需要废止试行制度。

6. 制度两试结论

企业经营者在两试期结束后，应当分别召集与试行制度相关的管理层及普通员工，收集他们对于新制度试行的反馈。

需要注意的是，制度能得到执行，不等于制度能达成既定的制度目标。如制度得以执行但制度不能对企业起到积极的作用，则制度也是同样应当重新斟酌的。也就是说，制度虽得以执行，但制度并不见得是全部正确的，这也应是制度试错的内容之一。

此外，也应当结合制度目标，观察在制度试行期内产生的结果是否接近或达成了预定的制度目标。综合试行反馈和制度目标，综合评判制度的实施是否为企业带来了管理收益。需要注意的是，在某些情况下，我们需要考虑员工对于新制度的评价，在某些情况下则不一定需要。

（1）试行结论中不以员工意志为转移的部分

制度约束员工的工作，而非适应员工的现状。因此，尽管在制度试行过程中，员工对制度可能存在不适应，或认为加大了压力，但企业经营者应当评估此方面的意见对企业而言是否重要，不能轻易因此放弃新制度的推行。尤其在企业盈利、员工廉洁、进度推动方面的制度推行，其目的是必须达到的，实现制度目的的过程犹可商榷，但目的本身不容置疑。

（2）试行结论中需要考虑员工意见的部分

在制度目的不容置疑的情况下，制度的形式是可以让员工参与到探讨中的。探讨的原则是，如何通过员工更能适应、企业管理成本更低、更容易实现的制度设计达成新制度的目的。

4.6.3　新项目的两试法

新项目指超出既有经营范围的新类别项目，它具有以下这些特征：企业缺乏对此类项目的过往成功案例，现有团队缺乏对此类项目的深刻了解和实战经验。企业在此类项目的推行上往往也会遇到许多意想不到的困难，因此，在此类项目上开展“两试”显得非常必要。

1. 项目两试目标的设定

由于新项目与新制度不同，往往需要更多资源以及资金、人力的投入，两试的目的主要是评测新项目是否能够给企业带来超出投入成本之外的利润。因此在新项目开展两试前，我们必须基于对两试成本、项目前景、企业盈利需求的评估，制定出合理的两试目标。

两试成本同样包括人力资源成本和资金成本，资金成本即新项目所需的资金投入，较为容易预估；人力资源成本指的是企业在新项目中需要耗费的人力资源，企业经营者可参照以下两种计算方式进行预估。

（1）时间成本计算

将新项目所需要花费的员工时间折算成工资，即时间成本。时间成本计算的是新项目所需企业耗费的人力资源开销。

（2）机会成本计算

将新项目所需要花费的员工时间（以天为单位）预估出来，再计算出企业现有的单位时间营业额（如企业当前月营业额30万元，则以天为单位，单位时间营业额为1万元/天），两者相乘即可得到企业的机会成本。机会成本计算的是理论上企业在新项目所投入的时间和所牺牲的营业收入。但需要注意的是，此计算方式不适用于现有业务及团队规模已经成熟、人力资源的边际成本已经极高的企业（即投入额外人力并不能带来更多可观的额外营业收入的企业）。

也就是说，我们在两试人力资源成本的核算上，一方面需要考虑到企业需要投入的人力资源成本，一方面需要考虑到企业人力资源的边际成本，以此确定现阶段启动新项目能否得到比原有项目更高的收益。

在核算出两试成本之后，我们就可以开始基于成本制定新项目的两试目标了，总的来说，两试目标不外乎以下这几个。

- 得到大于项目投入的项目产出；
- 找到适合现有团队的新项目运作方式；
- 在两试中寻求提升项目附加值和成本控制的办法。

企业经营者应当围绕以上几条线索，制定出明确的两试目标。

2. 新项目两试办法

新项目的两试，与企业既有项目一样，需要进行宣贯、责任人认定和团队组织等工作，但由于容易与既有业务相冲突、员工对新项目缺乏理解和经验等，因此其工作难度大于既有项目的实施，需要企业经营者制定有效的办法以推动新项目的两试，办法的制定需要参照以下几点。

（1）新项目的解释和任务传达

由于新项目往往超出企业的经营范围，团队往往不了解新项目的开展目的和运作方式，因此在新项目两试之前，企业经营者需要召集相关人员，对项目的开展目的和运作模式予以解释，并将项目当中的工作进行拆解。需要注意的是，如项目人员对项目不熟悉，最好由企业经营者或项目发起人亲自进行工作的拆解。

（2）项目负责人的指定

新项目的两试同样需要项目负责人，但必须确保项目负责人对项目有深刻地了解。通常而言，由于新项目开展难度大，需要的组织、协调、专业水平超出既有项目的要求，因此一般选择团队中能力较强的经理人充当项目负责人。在不能选拔适当人选作为新项目两试负责人的情况下，可由企业经营者亲自负责项目。

（3）项目两试团队的组织

应当按照类似于“最小化公司”的标准进行制定，即项目所需的岗位需要有齐全配备，但各个岗位上的人力应当以维持项目的基本运营为标准。以此标准进行项目两试团队的组织，既保障了两试团队的岗位完整性，又能够尽量不影响现营业务的开展。

（4）现营业务的安排与评估

在两试过程中，由于两试团队的精力可能会受到现营业务的干扰，使新项目运营受到影响，从而造成企业无法评估项目中的失误或挫折究竟是来自新项目本身的问题，还是来自现营业务的干扰。因此应当尽量避免现营业务对新项目团队的影响，如不能避免，应对影响予以评估。

（5）合作项目的试点

有时，参与两试的项目会涉及企业与其他第三方的合作，合作一般包括两种：其一为协作开展，即双方并非甲乙方关系，而是协作关系，项目的协作开展必然需要一方作为主导，建立双方在项目中需要共同遵守的制度和规则，以对双方参与项目的团队和相关人员予以约束和规范，否则两试项目极易因双方的意见不一致、分配分歧、管理不调等合作问题流产；其二为决定性外包，指项目本身依赖于某种重大稀缺资源，因此需要企业与特定的资源供应方建立起长期而稳定的甲乙方关系，否则项目本身不能成立。在此情况下，不仅应当与供应方有明确而严格的协议约定，还应当与供应方建立起深度互信，以避免因乙方原因导致两试项目流产。

3. 项目两试结论

由于企业项目一般而言是以盈利为目的而建立的，因此项目两试结论应当围绕企业在新项目中的盈利水平和盈利可能进行分析，并评估当前团队是否能够支持项目的当前规模，以及团队能够支撑项目规模的进一步扩大，具体包含如下几个项目。

（1）盈利水平分析

项目是否有充分的利润率？如利润率并不足够，是否与两试期间的人力及资金资源投入不足有关？如企业全面对两试项目进行复制和扩大，投入更多的人力和资金，是否能够带来足够的利润率？

（2）盈利规模分析

如将两试项目扩大化，未来的盈利规模是否可以达到预期？预期规模是多大？预期的盈利规模能够在企业盈利中处于何等地位？

（3）团队支撑能力

在两试项目中团队是否能够有力支撑项目？如不能，那么扩大团队规模或提升团队水平的开支是否能由项目盈利覆盖？团队扩大或提升是否可行？

（4）能否复制或扩大

由于在两试项目中，配备的人力资源及投入的资金资源较少，因此尽管能够评估项目的利润率，但不能够简单地认为达到预期利润率的两试项目就一定能够在企业中进行扩大经营，也不能认为两试项目的模式就能够在其他的经营场合得到良好的复制。因此，企业经营者需要厘清在两试过程中得到的经验是否具有普适性，如更换两试项目的经营场合、扩大两试项目的经营规模、两试经验是否可以延续，这些都需要判断。

基于以上分析，企业经营者可以判断项目在两试后是否能够推而广之，项目能否作为企业重要的盈利项目进行经营，以及扩大项目经营所需要的条件是什么。

4.6.4　两试法要点总结

有关新制度和新项目的两试，我们强调了以下几个问题。

- 在两试之前应当制定明确的两试目标；
- 两试应当以两试目标的达成情况作为核心的判断标准；
- 在两试中，人力和资金、资源的投入成本需要明确评估；
- 应对两试过程中的问题易发点进行预估并密切观察；
- 基于两试过程中的目标达成情况和团队适应状况来决定是否扩大制度或项目范围。

4.7　过程管理与结果管理的管理方法辩证

4.7.1　实例故事：过程与结果不可兼得

作为一家工程公司的老板，刘鲜每天在应酬与公司管理之间疲于奔命，然而公司的业务却一直没有起色。刘鲜对此有准确的判断：公司中就自己一个人在拉业务，而且管理工作也牵扯了自己太多精力，自然没有办法进行大规模的业务拓展，因此公司遇到发展瓶颈也在情理之中。为此，刘鲜很想改掉自己事无巨细、事必躬亲的工作模式，让员工真正负起责任来。

刘鲜认为，与其管理过程，不如管理结果。于是他召开会议，让所有员工以后拿结果说话，以结果对公司负责。开过这次会议后的刘鲜满以为从此不用再辛苦地管理项目细枝末节的过程问题了，只要把控结果就好。然而会开了没有两天，各种各样的过程问题又涌进了刘鲜的办公室，刘鲜大光其火，认为各个经理人只知道把事情往自己这里推，没有担当精神。而一位经理人却说："你不管过程，出了问题我可负不起这个责任！"

刘鲜不为所动，依然要求经理人"尽量自己做主"，并且在之后的工作中，只要是经理人前来汇报过程中的问题，刘鲜都一顿训斥。然而一个季度后，刘鲜对着财务报表再次大光其火：在刘鲜的"结果管理"模式下，各个项目成本大幅上升。然而，经理人面对刘鲜的怒火却再次不买账："这不是刘总你让我自己定的吗？"

于是，刘鲜不得不再次回到了狠抓过程的工作模式。为此，刘鲜和过去的一位老领导谈心，这位老领导认为刘鲜只是下放了结果管理的责任，却没有下放结果管理的权利，更没有下放结果管理的标准，因此经理人会有异议也在情理之中。刘鲜大惑不解：结果管理，还需要下放什么权利和标准呢？

管理过程还是管理结果？这是企业所经常面临的问题。许多企业经营者选择二者兼顾，但事实上，这二者是不能完全同时兼顾的，这也是企业经营者在管理过程中必须有所取舍的重大选择。

4.7.2 过程管理与结果管理的矛盾所在

过程管理，意味着员工的工作安排、工作方式、工作内容都由管理者进行管理，在此情况下，员工只是按命行事，如员工遵守了相关的任务安排，则可能出现的风险和后果应由管理者承担。而结果管理，意味着企业经营者向员工要结果，员工对最终结果负有责任，那么员工有权利自主开展工作，并根据自身实际情况，选择完成工作的方式方法。

这也给企业带来了管理过程中的两难境地，如果仅仅对过程进行管理，不将目标责任下放给员工，则无疑会给经营层和管理层带来极大的管理压力；如果仅仅对结果进行管理，则无法控制员工的工作方式方法，很可能要承受员工决策不当所带来的风险。

过程管理与结果管理的核心矛盾在于，决策权与决策责任之间是有对应关系的，不享受决策权，则不承担决策责任。过程管理事实上由企业经营层享有决策权，一般管理者与员工不享有决策权，也不承担决策责任，而结果管理则与之相反。按此可得到的推论是，企业仅能够选择偏重于过程管理，或偏重于结果管理，不可能同时兼顾过程与结果的管理，否则就会带来企业内部权责的混乱。

4.7.3　企业管理发展的方向是从过程管理到结果管理

过程管理与结果管理作为两种不同的管理思路，从所需的组织架构方面有明显的不同。此外，企业选择过程管理或结果管理的出发点也各不相同，不同的出发点也将影响到企业经营管理的结果。

1. 过程管理组织构成

偏向过程管理的企业的组织构成情况，有且仅有以下两种。

（1）企业发展不足

在企业发展不足的情况下，由于缺乏足够成熟的业务团队，企业经营者作为拥有最多商业资源和最丰富运营经验的管理者，对能力匮乏的员工进行直接的过程指导。简而言之，是强将弱兵的组织构成情况。

（2）经营习惯陈旧

在企业已经发展到一定程度，但出于习惯，或出于对权力的控制需要，企业经营者不愿意让员工在项目运营过程中享有决策和管理的权利时，在项目的实施过程中依然由企业经营者发号施令。简单说来，就是不放权的领导享有绝对权威。

实际上，此种情况往往对企业发展构成了较大的危害，容易使企业面临经营瓶颈。

2. 结果管理组织构成

偏向结果管理的企业，其组织构成情况有以下几种。

（1）企业信心成熟

企业团队较为成熟，企业经营者有信心对团队放权，也有办法让团队以结果管理的模式进行业务经营。简单说来，是强将强兵的组织构成情况。

（2）业务经营依赖

企业的业务来源仍然依赖于企业经营者，因此企业经营者需要释放出更多的时间用于拓展业务，缺乏精力实现过程的管理，只能以结果管理的形式降低自身的管理压力。简单来说，是业务拓展乏力的员工团队倒逼企业领导的管理精力向业务精力让位。

（3）疏于过程管控

企业经营者懒于进行细致的过程管理，从而选择以结果管理的形式开展相关的管理工作。

理想的企业经营，应当是从早期团队不成熟时期的过程管理方式，逐渐向成熟的、有信心的结果管理方式发展，这也是企业管理发展的健康方向。随着企业不断发展，业务规模不断扩大，员工数量也随之增加，企业经营者不可能如创业早期一般对多数事情都做到亲自过问甚至亲力亲为。因此，企业如要发展壮大，必然会从细致的过程管理，转为对于各个项目结果的管理，让员工有能力独立进行一定的决策，并以结果对企业负责。

在创业早期，企业抗风险能力较差，各个项目需要审慎把控并投入较多的管理精力，因此偏向过程管理的管理思路犹能可行。在企业逐渐成熟，并且业务规模达到一定体量后，企业必须逐渐偏向对结果的管理，否则很容易面临发展瓶颈。

4.7.4　对普通员工偏向过程管理，对经理人级别的员工偏向结果管理

过程管理开展的条件是，企业经营者对于员工的专业水平、沟通能力等方面缺乏足够的信心，因此需要对员工在业务开展中的过程进行把控。而结果管理开展的条件则是，企业经营者对于员工的综合能力有充分的信心，可以赋予员工一部分权力，使其在自身岗位职责范围内依权施展，仅对其结果进行管理和评估。

企业的一般员工，往往专业能力和责任心有所不足，而企业的经理人，通常来说会具有更为优秀的职业素养，也有责任为企业降低管理压力。因此在对于一般员工的管理上，企业经营者出于稳妥方面的考虑，应当进行偏重过程的管理；在对于经理人的管理上，出于充分发挥经理人职能的考虑，应当进行偏重结果的管理。

那么，按照此思路，较为合理的管理模式应为：

企业经营者→结果管理→经理人→过程管理→一般员工

4.7.5　向结果管理要过程

所谓结果管理，也就是将开展工作的方式方法决策权限、工作进度安排权限等相关权利让渡给员工，要求员工在相对独立自主的操作下，对项目结果负责。然而，在结果管理的模式下，企业经营者也拥有对员工决策的知情权、建议权与修正权。通过这三种权利，企业经营者可以实现在结果管理模式下对于过程的一定程度把控，从而合理有效地规避因员工决策失误带来的风险。

1. 结果管理模式下的管理知情权利

无论员工在项目上有多大的自主权限，员工都有义务对企业经营者进行实施方案的汇报和进度安排的汇报，便于企业经营者了解项目的工作安

排。员工需要就自主决策的内容向企业及时报备，并对现行项目情况进行全面的说明。企业经营者应通过日清、周会、项目会等形式，对项目的运转情况和计划方案的实施进行深入的了解。

2. 结果管理模式下的管理建议权利

企业经营者有权利向负责项目结果的员工的项目决策提出合理化建议。通过企业所了解的资讯以及企业的运营经验，为员工所作出的决策提供参考和意见。

3. 结果管理模式下的管理修正权利

企业经营者在认为员工对项目的安排有明显不合理或不负责的行为时，有对员工的决策进行修正的权利，当然，在修正员工决策的同时，项目结果的责任即开始由企业经营者承担。这里需要区分的是，员工安排不合理导致项目存在风险，属于在结果管理模式下可能出现的问题，企业应予以从轻处理以免形成员工不敢对结果担责的氛围。如因员工不负责任带来的项目风险，企业在接手项目结果责任和项目决策权利的同时，应对员工进行追究，依据相关的规章制度对其进行严肃处理。

事实上，由于B2B类型企业以对企业的服务作为主要的盈利渠道，因此重大的进度安排往往是由客户进行决策的（而非由管理者进行决策）。员工的独立自主进度安排是否合理，可以直接与客户所要求的工作进度进行对比，即可得出明显的结论。

4.7.6　对过程管理要结果

在过程管理中要结果，指的是企业在过程管理中，明确员工对于各个事项的开展目的、切实考评过程的完成度，从而在过程管理中实现对结果的有效保障。

1. 明确事务目的

企业需要的结果，是系列事务的目的。在过程管理中，将整体事务拆分为分项事务，明确各个分项事务的目的，也就是明确了各个分项工作过程的开展方向。唯有各个分项事务开展的目标方向一致，才能引导团队稳步向既有目标实现推进。

2. 严格过程考评

过程的严格考评，能够帮助员工尽最大努力将工作落实到位，从而有效地保障过程执行所得到的结果。严格过程考评，需要两个支撑点，第一个支撑点是准确细致的考核标准（见4.4），第二个支撑点是考核的严格执行。

4.7.7　过程管理与结果管理要点总结

有关过程管理和结果管理，我们强调了以下几个问题。

- 过程管理与结果管理由于权责逻辑的矛盾很难兼顾；
- 结果管理是企业发展的健康方向；
- 对经理人的管理可以偏重于结果，经理人对一般员工的管理可以偏向于过程；
- 明确事务目的、严格过程考评可以让过程管理走向更好的结果；
- 企业保留对项目管理的知情权、建议权、修正权，这可以确保结果管理模式在“轨道”上运行。

第5章

企业经营管理实务技巧

当团队、客户等问题得到基本的解决，并展开较有成效的制度建设后，工作的深度问题将逐渐让渡给核心经理人，而企业主将逐渐转移到“高度”层面上面对新的问题。此阶段的问题更为复杂，许多管理者常常在此阶段沉浸于所谓的“驭人之术”“经营之道”中，热衷于务虚管理，却脱离了管理的基本逻辑。本章大致条陈了一些在本阶段所需要思考的重点问题，并针对具体的工作提供了技巧性的参考。

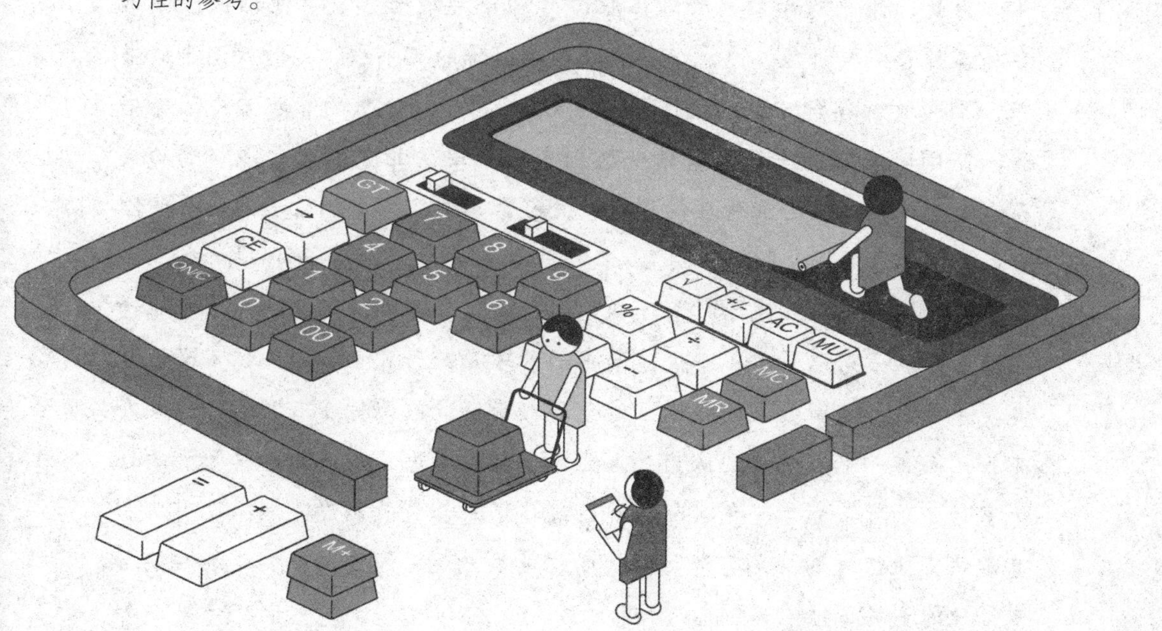

5.1 去法术化是制度管理的实施基础

5.1.1 实例故事：法术化的管理者

作为一个本世纪初期就开始创业的IT人，谢平的企业在许多朋友看来已经比较成功了。然而，作为企业的经营者，谢平却并不这样看，自己许多大学同学搞通信工程赚得盆满钵满，近几年已经开始玩资本的游戏，而自己的企业却还在靠网络技术建设挣辛苦钱。为此，谢平非常希望自己能在近几年提升企业的管理水平，以扩大企业的盈利规模，早日走上“用钱挣钱”的快车道。

为此，谢平对于各种管理课程、管理讲座极为热衷。他不仅频繁地参加各种管理学讲座，更成了各种管理学著作的“书虫”。打开谢平的书柜，里面放着各种“驭人之道”“管理秘籍”“XXX的管理心得”等书籍。空闲时间，谢平还经常请一些到本地来巡讲的“管理大师”喝功夫茶，听取他们对于企业管理的见解，并经常用自己学到的管理经验去管理自己的团队，然而收效并不明显。

对于这样一位热衷于“管理学”的老板，员工却并不认为谢平真正懂企业管理。一名老员工私下说，谢平的管理是一种“玄学”，搞不懂他究竟要干什么，有时候事情做错了他会和颜悦色地鼓励你，有时候又会大发雷霆；而另一名新员工则认为，企业对待制度太过儿戏，谢总总是喜欢让大家讨论制度，短短一年时间，就已经换了三套行政制度，然而没有哪一套是认真执行过的，尤其是奖励制度总是不兑现，惩罚制度倒是经常换着来，让许多员工很不满。

对于员工的议论，谢平也有所耳闻。在他看来，员工犯错的区别对待，是因为不同的员工当然需要区别对待，根据不同的事情情况，有打有拉，才是管理的精髓所在；而企业频繁地更换制度，则是他在不断调整自己的制度设计，无可厚非；至于制度执行不到位，则是谢平学习王阳明心学的体会——此心不动，随机而行。

争论归争论，不过谢平自己也知道，现在自己学习的各种管理学，好像还没有真正解决企业存在的各种问题。

谢平所面临的问题是许多企业经营者都会面临的普遍问题，即企业缺乏明确的制度建设，但又急于通过调整管理制度来提升企业的经营水平。于是较为急功近利地采取管理法术化的办法对各项事务进行管理，然而管理效果并不明显，还可能起到适得其反的效果。

5.1.2　什么是管理法术化

所谓管理法术化，就是以片面的管理经验、庸俗的管理哲学代替制度化管理，权力集中于人而非集中于制度的管理模式。

管理从制度化转向法术化，是中小微企业经营者常常会犯的错误。其根源在于，作为B2B类型企业，在其发展初期，其竞争力主要来自商脉资源，而非其制度管理能力。而B2B类型企业的发展方式，往往也比较灵活，在成长初期由于业务形式、管理模式多变，难以在企业盈利形式成熟、成规模以前形成稳定、合理的制度系统。这就造成许多企业主迷信自身能力，迷信各种管理法术的魅力，低估了制度在企业进一步发展中的重要性。

管理法术的运行条件，往往是企业经营者拥有绝对的权利和话语权，以权利人为权力基础进行企业的内部管理。而管理制度的运行条件，则需要企业经营者、管理者和一般员工都能够自愿被制度所约束，任何人的权利皆源于制度的赋予。由此可见，如要成就一家管理规范的企业，则必然需要采用制度化的团队建设，而非法术化的权力游戏。

管理法术化并非不可使用，事实上管理法术化同样也是制度管理的重要补充。然而，在制度建设未能成熟的情况下，对管理法术进行滥用，容易企业内部缺乏明确的制度目标和制度认识，让企业从“法治”滑向“人治”。

5.1.3 管理法术化的表现

管理法术化往往表现在以下几个方面。

1. 管理经验不能制度化

企业经营者在企业发展的过程中会积累一定的管理经验，对于许多中小微企业而言，企业主往往不会将管理经验进行制度化，而是沿用之前的管理经验对企业进行管理。

管理经验固然是有用的，然而，管理经验的应用有其局限性。B2B类型企业在草创之初，往往团队规模极小，不涉及多线管理和权力的频繁分配，企业的快速发展也能够掩盖一定的管理问题。而在企业业务稳定、规模扩大后，仅根据经验进行管理则很难满足企业管理的公平需要和效率需要。

2. 管理者对事务和员工的管理实行多重标准

由于缺乏制度设计和制度执行，管理者对于事务和员工的评判标准往往是浮动的，对此事一标准，对彼事又一标准，使员工失去开展工作的方向和标准。

多重标准的根源在于，企业缺乏总体目标和总体策略，只针对具体事务研究相应的战术和办法，缺乏一以贯之的行动基准。如此风格在企业规模较小时，引发的矛盾尚不突出，一旦企业规模扩大，就会导致企业的全面失控。因此，大型企业通常会开展众多精神宣贯会议、年度目标和计划学习会议、战略启动会议等在中小微企业看来毫无必要的工作，但若无此类工作的存在，企业管理者极难统一众多员工的认识并有效统筹企业在本阶段所需的解决问题的方式方法。

3. 务虚工作不能与务实工作结合

在企业达到一定体量后，企业经营者便可以从基础工作中解放出来，从亲力亲为转向对重点事务的方向规划和监督把控。工作重心的转移容易让企业经营者偏向务虚方面的工作，但又很难掌握到务虚工作的要领，不能结合企业实际情况进行相关标准、要求的制定，这导致企业经营者和团队之间产生隔阂，企业经营者的相关要求和标准无法得到落实，具体的事务性工作也缺乏有力且能够符合实际的指导思想。

5.1.4 管理法术化的弊端

1. 分权缺乏制度保障

企业在发展过程当中，必然会让渡一部分权力给相关的管理责任人，而权力的让渡，是必然需要制度的监察、约束、激励和惩罚的。在缺乏制度设计和执行的情况下，由企业经营者进行分权，仅仅依赖于企业经营者对管理责任人之间的法术化、政治化的权衡，很难实现各个管理责任人的权责公平。

当企业中高层失去权责公平，或是说，各个经理人之间的权责承担、奖惩办法一旦出现了厚薄亲疏的分别，企业经营者工作安排的公平性就容易受到质疑。长此以往，企业经营者的分权行为事实上是在为企业经营者自身增加管理压力。

2. 责任压力的回流

企业分权，其核心目的是为决策层减少管理压力，而当企业的分权行为缺乏制度依据时，管理责任人的行为就缺乏有力的支持，使得经理人无论事务巨细，都不敢在缺乏企业经营者首肯的情况下开展相关工作。不论事务体量大小、紧急与否，都层层汇报，那么，企业的分权行为，只不过是将汇报权指定到某一些经理人头上，具体的决策和管理责任，事实上又回流到了企业的最高层。

3. 容易形成山头主义

由于信奉法术化管理的企业经管者在管理中实行多重标准，制度权威弱于个人权威，极容易形成“人治”氛围，因此围绕各个企业中的权利人极易形成“小集团”，并逐渐演变为严重的山头主义。各个经理人看待问题不从企业利益出发，而是从山头利益出发，这会造成企业决策层的指令不能得到良好执行，以及中下层的管理作风和工作作风乌烟瘴气。因此，无论出于何等考虑，管理法术化的本身根源是庸俗的，是极容易损害企业利益的。

4. 员工缺乏归属感与安全感

法术化管理的企业，往往不能公平地执行团队奖惩制度，也不能有效平衡各个部门单位之间的工作压力，既不能在各个部门之间实现工作与奖惩的公平，也不能在员工之间实现公平。长此以往，环境公平性的缺乏，自然会导致员工归属感的缺乏。

此外，山头主义的形成会导致企业内部的党同伐异，同样会使员工在企业的安全感大为下降。

5. 团队开展工作缺乏标准

法术化管理的特征就是不将事务标准化，通过管理者个人的判断作为标准解决问题。如此一来，团队在处理各项工作的过程中很难合理把握应以何标准执行。

团队缺乏标准带来的危害是双向性的，从受管理者方面看，员工缺乏可以参照的标准，在相关事务的处理上不得不频繁汇报，效率降低，或由于标准的缺乏不敢承担责任，导致企业氛围的劣化；从管理者方面看，员工的频繁汇报无疑加大了管理者的工作量，由于管理者自身缺乏统一的标准，因此不得不对各项事务进行逐一的判断，并就各项决策对团队进行不断的说明和沟通。

5.1.5　无法术的管理办法

所谓无法术的管理，就是管理不采取“办法化”，而采取“制度化”。企业的主要管理工作，不应以人作为标准，应尽量避免临时性的办法、决策的出现。在管理上，建立起基于制度的有制度可依、有制度必依的管理模式，在经营上，建立起企业的长期目标与短期目标，并依据目标形成对待各项事务的指导思路来要求团队遵循和参考。

在无法术管理中，管理者并不代表制度和标准，而是和团队一起维护并遵守相关的制度和标准，个人的权威被削弱，企业制度的权威得到了最高程度的保证。企业经营者和管理者往往不愿意削弱自身权威，但事实上，法术化管理会极大地损伤员工对于企业的信任，对企业经营者的权威造成更大的影响。

对于企业管理者来说，实行制度化管理能够使日常工作效率达到事半功倍的效果。当企业员工有标准可依，员工对于管理者的依赖就会明显降低。由此，企业管理者可以将更多精力投入更有价值的工作方面，以实现企业盈利水平的提升，有效避免企业陷入人浮于事却收益有限的窘境。

5.1.6　法术化管理与制度化管理要点总结

有关法术化管理与制度化管理，我们强调了以下几个问题。

- 管理法术化是管理制度化的反面，其根源在于经营者热衷人治；
- 管理法术化会使员工失去行事标准，并增加员工的管理压力；
- 管理法术化可能会推动山头主义的形成，形成不良的职场环境；
- 管理制度化、标准化能够有效地改变法术化管理造成的恶果；
- 制度化、标准化的管理需要企业各层级共同维护和遵守。

5.2 企业团队的时间管理

5.2.1 实例故事：难以管理的团队时间

某影视制作公司的老板黄亮总是觉得自己的时间不够用，团队的时间也不够用。最近，黄亮的公司进入了业务旺季，大量的影视制作订单如雪花一般飞来，黄亮不得不守在公司里督促各个部门应付过这一季的大量业务。待在公司里的黄亮看似过得很充实，实则非常着急，这个季度业务是不错，但他却必须花费大量精力在公司里管理各项繁琐的工作，很少有时间去拓展下个季度的业务，如果下个季度生意不好，那么公司必然面临无事可做的困境。

因此，黄亮很想离开办公室，少管理一些琐碎的事情，将更多时间投入业务的拓展工作中，然而黄亮又发现自己根本就没有办法离开办公室，因为他觉得自己团队的能力太低了。

黄亮举了一个例子：公司需要为客户进行大规模布景，于是公司制作团队的剧务找到了搭建供应商，以30万元的价格外包了大规模布景的工作。黄亮认为30万元的费用过高，他亲自打了几个电话，就找到了能够以26万元费用完成布景的供应商。黄亮不无痛心地在公司里讲："多打几个电话就可以节省下几万元，现在要拉一个几万元利润的业务也不容易，大家为什么不在各项事务上多动动脑筋？"对团队放不下心的黄亮只得大部分时间待在公司里，指导各项工作的开展。

业务旺季很快过去了，黄亮终于能够将自己的时间投入业务拓展中，但是很快，黄亮又感到疲于奔命。首先，公司内部仍有其他的项目管理工作需要自己统筹；其次，黄亮接触的新客户和新项目又多又杂，而且成交率极低，黄亮耗费了大量精力周旋于各种社交场合，却收效甚微。黄亮觉得很纳闷儿，旺季的时候，自己的时间明显不够用，为什么淡季的时候，自己的时间还是不够用？

时间管理是企业经营者所面临的必然问题，良好的时间管理能够提升企业的运转效率，而缺乏规划的时间管理往往让企业经营者陷入处理事务的泥沼中无法自拔。因此，无论是团队的时间管理还是企业经营者自身的时间管理，都是非常重要的。

5.2.2　团队劳动时间管理

中小微B2B类型企业的生产力主要来源于技术型的人力劳动，而人力劳动的价值产生基于团队的有效劳动，有效劳动则是建立在充足的劳动时间之上的。

充足的劳动时间，可以作两个角度的解释。其一，是企业通过雇佣或合伙关系，向团队购买到了足以支持企业经营的劳动时间；其二，是企业所购买的劳动时间，能够得到充分的运用。

从这两个角度，我们可以列举相关的问题来审视企业团队是否具有充足的劳动时间。

1. 企业购买的劳动时间是否充足

劳动时间是否充足，反映在人力资源管理中，就是企业的人力资源规模和水平能否良好地支撑现有业务的问题。这需要企业管理者从现有业务所需的劳动力规模、现有的企业劳动力规模和水平如何两个方面进行判断。

最终我们通过对实际情况的考量，可得到几种结论和应对办法，详见表5.1。

表5.1　劳动时间采购情况判断表

劳动时间采购情况	业务所需劳动规模	结论	应对办法
>		采购劳动时间过剩	适度缩减团队规模
=		采购劳动时间适中	维持现有团队规模
≤ 企业通过频繁加班能够应对业务规模		采购劳动时间轻度不足	适度扩大团队规模或提升企业福利水平
< 企业团队完全不能应对业务规模		采购劳动时间严重不足	扩大团队规模

2. 企业购买的劳动时间是否得到了有效管理

在制度上，企业至少应当保证所采购的劳动时间较高程度地投入到有效劳动中。事实上，员工将劳动时间投入私人事务、劳动时间空闲、劳动时间浪费等情况非常常见。从财务上看，此种情况会造成企业劳动时间采购成本的严重浪费；从人力资源上看，会造成劳动效率的低下，使得企业经营者难以评估企业究竟需要多大的劳动规模。因此，对员工劳动时间的有效监督机制显得非常重要。

在企业团队到达一定规模时，企业经营者很难对各个员工的劳动时间使用情况进行直接的监督。一则，对众多员工劳动时间的使用情况的直接监督无疑需要耗费大量的管理精力；二则，由于企业管理者对项目的部分具体细节不熟悉、不了解，因此直接监督有可能对员工的正常工作造成干扰。有效的管理机制应当包含以下几个方面。

（1）任务短期拆分

将长期任务拆分成短期任务，将任务责任落实到个人。由此，企业可根据任务的完成程度评估团队劳动时间是否得到有效应用。也就是说，将员工劳动时间的考核和具体的KPI考核结合起来。

（2）员工日清汇报

通过日清汇报的形式，实现对员工每日工作情况的掌握。

（3）结合考勤管理

考勤管理是最为基础的劳动时间管理，能够有效体现员工是否遵守了企业对于劳动时间的基本管理规则，对员工的日常工作状态有一定的鉴定作用。

3. 团队劳动时间的效能是否最大化

在企业采购了合理规模的劳动时间，并建立起劳动时间的基础管理机制后，战术层面的劳动时间管理得到了解决，企业经营者应当将关注重心放在战略层面的劳动时间管理，即现有的业务能否使团队劳动时间的效能得到最大化。

企业经营者投入同等规模和水平的劳动时间，在不同类型、不同客户的项目上所创造的价值是各不相同的。客户的支付能力、业务类型的行业走向、客户的公关深度等都可能使同等劳动时间创造的价值有所不同。因此，企业经营者需要考虑如何运用有限的企业劳动时间，创造出最大的经营价值。相关的论述可参见之前章节。

5.2.3 经营层劳动时间管理

对于中小微商务服务企业而言，企业经营层由于拥有最多的商业资源和企业代表权，其劳动往往在经营中发挥最大价值，而其最为核心的价值主要表现在以下几个方面（按照重要程度进行排序）。

1. 企业发展方向及目标的制定

企业发展方向和目标的制定是企业最为核心的战略，围绕企业的核心战略，相关的商业模式、团队配置、制度设计、商脉拓展、业务消化、企业文化建设等工作才能得到有效的统筹。因此，制定企业发展方向及目标是企业经营者最为重要且最能够发挥最大价值的工作内容。

2. 企业制度的设计和督导实施

企业的制度，是企业内部的游戏规则，是对企业全体团队的有效约束和激励。制度的良好设计能够激励和敦促团队完成相关的任务目标，包括和企业生存息息相关的业务承揽、业务消化、资金管理等内容。一旦缺乏良好的企业制度，企业各项工作会极为容易失控，造成企业的全面崩溃。因此企业制度的设计和实施，其重要程度甚至高于业务承揽。

3. 企业商脉的拓展和管理

企业商脉是企业业务的重要来源，重点商脉一般掌握在企业经营者及企业其他高层手中，它决定了企业在现有经营范畴内的发展空间和生存能力需要得到有效的维护，因此维护企业商脉是企业经营者需要着重且持续开展的工作内容。

4. 大宗业务的消化督导

大宗业务能够为企业带来可观的利润，但由于其工作量相对较大，存在众多需要协调的事项，且往往超出一般员工或一般管理层的统筹能力，因此企业经营者往往有必要对其进行重点管理。

5. 四种核心工作的重要与紧急程度

企业经营者的四种核心工作内容，在经营实操中也显得非常繁重，因此许多企业主在同时面临多种事务时，往往难以判断和抉择何为最重要、最需要优先处理的事务。而有趣的是，以上四种核心工作内容，其重要程度和紧急程度一般呈现出相反的态势。

（1）四种核心工作的重要程度排序

企业发展方向及目标的制定＞企业制度的设计和督导实施＞企业商脉的拓展和管理＞大宗业务的消化督导

企业的方向和目标是企业组织力的来源所在，如果企业没有明确的方向和目标，则会造成团队目标的缺失，使得制度建设、KPI制定、企业文化等成为无源之水。而制度的制定和实施则形成了企业的基本运营规则和管理规则，使企业的各项经营处于可控状态，如制度缺失，将会导致企业各项事务的全面失控。因此，企业目标和制度建设，是企业经营管理中最为重要的内容所在。而商脉的拓展和管理、大宗业务的消化督导，其本身也是实现企业战略的一部分内容，需要在成型制度之下才能够得以妥善开展，因此其重要性次之。

（2）四种核心工作的紧急程度排序

大宗业务的消化督导＞企业商脉的拓展和管理＞企业制度的设计和督导实施＞企业发展方向及目标的制定

就紧急程度而言，企业现有业务的消化通常是最为紧急的事宜，项目一旦建立，相关的项目事项就必须得以快速稳步的推进，如不重视项目的紧急程度，则无疑会导致项目延误，危及企业的口碑和款项追收。而商脉的拓展和维护，决定了未来一个时间段内企业的经营规模和盈利水平，如不重视其紧急程度，则可能导致未来短期内由业务来源紧缺造成的资金紧张、团队信心下降等连锁效应。因此，作为企业的日常战术性经营工作，业务消化和商脉拓展无疑具有更高的紧急性。

正由于企业经营者的核心事务在紧急性和重要性上呈反相关的关系，因此许多企业主在实操中往往只能看到商脉拓展与大宗业务消化，不能了解和掌握企业发展方向和目标制定、制度的设计建设及实施督导两个方面的重要性，在实际管理中极容易因目标和制度的缺乏陷入“人浮于事”“只见树木不见森林”的发展瓶颈中。

6. 四种事项的统筹技巧

那么，企业经营者如何兼顾四大事务的紧急性和重要性？首先，企业经营者需要意识到并明确认识企业的方向和目标是一切工作的基础，制度是推动事务顺利开展的有力保障，因此企业必须保障在具体事项的开展之前，备有此二者。其次，对于缺乏企业发展方向及目标制定、制度设计与督导实施的企业而言，应当充分利用淡季节点，制定出相关的目标和制度。在实操中，企业经营者对以上四种事项应当以如下标准进行把控。

（1）创立前以目标为重

如企业尚未创立，创业者需要首先建立起明确的企业目标。如企业属于初创企业，业务规模尚未形成，则需立即建立起企业目标和制度体系。

（2）发展中重视制度完善

如企业已经有一定的发展规模，商脉维护和业务消化事项较为繁琐，则企业应当及早利用空闲时间明确企业目标，完善制度设计。

（3）紧急事项建立临时机制

如有紧急的商脉维护和业务消化事项，但又缺乏相关的制度辅助，则应在相关工作开展之前，尽量建立起临时性的制度约束和奖励机制，以保障工作的有序推进。同时，在企业空闲时间里，应当逐步将临时性机制转化为长期机制。

（4）重视KPI与制度运营信息收集

目标的制定和制度的设计并非一劳永逸的工作，企业经营者应当在实操过程中收集目标达成情况、制度运行情况的相关信息，并在业务淡季根据此信息对目标和制度进行合理的调整。

5.2.4 团队劳动时间与商脉结构优化

脱离战略层面来说，企业经营者在实际经营过程中最容易面临的矛盾就是，在有限的时间里无法同时兼顾商脉拓展及维护工作与业务消化工作，这也是企业存量业务与预期业务增量之间的矛盾，如存量业务不能得到良好的消化，企业可能损失现有客户，并造成企业口碑的下降；如企业没有持续的增量业务，则不仅会发展相对缓慢，而且很难承受存量业务体量下降的风险。

作为企业经营者，其中多数希望将工作重心放在商脉拓展与维护工作方面，希望通过商脉的不断拓展，扩大企业的发展空间，增强企业的抗风险能力。然而在实际经营中，企业经营者往往认为自己的精力过多地被业务消化工作所牵绊，使得自己缺乏充分的时间进行商脉的进一步拓展工作。

然而，这样的认识往往是不准确的。事实上随着企业客户规模的不断扩大，业务拓展者在商脉拓展与维护过程中的边际效益也在不断降低。投入更多的精力在商脉拓展与维护中，并不意味着能够获得与付出的时间相匹配的新业务体量。因此，在商脉拓展和大宗业务督导的关系平衡中，企业主需要考虑到商脉拓展与维护的客观规律。

商脉关系，归根到底是建立于人际关系之中的。首先，个人的人际关系终究是有限的，因此经营团队可以拓展和维护的商脉规模自然也是有限的；其次，在同行业中对于商脉是存在争夺和竞争关系的，在管理者时间与精力一定的情况下，一旦商脉的广度扩大，则商脉的维系深度就会降低，反而可能导致现有商脉关系丢失，同时挖掘新商脉的难度也进一步加大。

因此，在企业发展到一定时期时，作为商脉拓展和维系的主要力量，企业经营者最应当关注的不是企业的商脉规模还能否拓展，而是能否优化。以价值更高的商脉关系取代价值较低的商脉关系，使企业经营者在付出同等劳动时间的前提下，可以创造出更高的价值。

与B2C领域不同的是，由于B2C经济的受众极为广大，B2C领域的企业只要解决产能问题，就很难达到订单饱和的状态。而B2B领域中的大多数行业，无论如何提升业务消化能力，订单规模始终都是有限的。因此，对于B2B领域中的大多数行业来说，与其一味追求订单的数量，不如大力优化订单质量，不断剥离低价值订单（小规模、低利润、短期签约），引入高价值订单（大规模、高利润、长期签约），在业务拓展者时间和精力有限的情况下，实现企业盈利水平的进一步提升。按此思路，业务拓展者无疑能够节约相当多的劳动时间。

需要引以为戒的是，随着企业商脉的发展，业务拓展者可能会遇到许多的“伪客户”“伪项目”，即成交概率极低、毛利尚不足以推动企业发展的客户和项目。一味追求扩大业务规模的业务拓展者往往会在“伪客户”“伪项目”上耽误大量时间，而且不能获得与投入的劳动时间对等的价值产出。在B2B领域中，常见的“伪客户”“伪项目”往往属于如下几种类型。

（1）前景不明朗的项目

尚在筹备期，号称规格和体量极大，远远超出一般预期，但必须要调动大量资源才能实施，或需要复杂的政府行政审批流程才能实施的项目。此种项目一般很难能够得以顺利的推进，多以客户被迫放弃告终。

（2）不可控因素较多的项目

客户本身并不具备实力，希望依赖于资源整合推动相关项目，造成项目不可控因素多。此种项目通常会无疾而终，甚至不会真正启动。

（3）客户欠缺支付能力的项目

客户实力明显不足，欠缺支付能力。此种项目多在议价阶段结束，或在实施后成为企业的坏账。

（4）客户缺乏决策权利的项目

客户为大型企业或机构中的经理人，但职级有限，无法左右企业决策。由于客户具有大型企业的背景，此种项目具有一定的吸引力，但多因客户在企业内缺乏决策权而无法实施，即便实施，也可能因客户在企业内话语权不足而花落他家。

（5）商业欺诈性质明显的项目

客户在无公开招标的情况下，广泛通过咨询的形式吸引众多乙方进入，并要求乙方在意向合作达成前出具方案及报价的，多为骗取方案者或骗取报价者。

对于陌生大中型企业的邀标项目，如果企业经营者无法判断其真实的招标意图，一旦参与很可能成为陪标的牺牲品。

（6）陌生小体量客户

体量较小的陌生客户声称寻求长期合作单位，要求乙方企业以低价进行合作的项目。此种项目可能具有一定的真实性，但一般都是短期合作，并无任何长期合作的可能。企业一旦接受客户条件参与其中，往往只能收获利润极低的少量订单，徒然浪费人力资源并破坏自身的价格体系。

（7）提出费用通过共同经营解决的客户

因甲方本身缺乏支付能力和市场能力，要求乙方共同投资进行经营的项目。一旦参与此种项目，将会耗费企业大量的人力物力，一般以项目的严重亏损而告终。

（8）提出费用通过经营分成支出的客户

因甲方本身缺乏支付能力和市场能力，要求乙方不收取项目服务的相关费用，而在实际销售中提取一定比例利润作为服务补偿的项目。一旦参与此种项目，一般以项目的严重亏损而告终，也有可能销售业绩较好，但因甲方不能将销售财务透明化导致最终合作崩盘。

（9）公关需求量较大的中小规模客户

指需要频繁进行社交的中小规模客户，此类客户可能有一定的真实需求，但企业规模和支付能力有限，实际能够给乙方企业带来的利益极少。

（10）业务不对口的客户

具有实力但依照沟通情况可以判断并不能带给企业对口业务的客户，业务拓展者往往受惑于此种客户的资金实力和社会地位，不能正确地对此类型客户能够带来的业务量进行较为准确的评估。此类型客户需要相当的公关投入，所以最终对此类客户跟进的结果往往是公关成本极高却无相匹配的业务引入。

以上类型的客户及项目，是业务拓展者需要在第一时间剥离以节省时间开支的。对以上类型项目的正确判断，能够有效降低不必要的时间开支，使有限的商脉拓展和维护时间能够投入更具价值的业务中去。

5.2.5 围绕经营目标的督导能够有效提升劳动效率

企业经营者对项目消化提出要求并进行督导，在一定程度上能够优化企业的经营结果，但需要注意的是，企业经营者的业务督导工作，也是有其边际效益曲线的。能否观察到管理的边际效益如何，是企业经营者提升督导工作效率的关键所在。

以大宗项目采购的成本控制为例，企业经营者固然希望企业能够采购到最具性价比的产品以实现利润的最大化，然而对于同一产品的采购，企业的采购成本与投入管理精力是呈反比关系的，即采购成本越低，企业为达成较低采购成本而投入的管理成本越高。

如图5.1所示，采购正常市场价格的产品（100%市场价格）可能仅需要较短的管理时间（图中为1个工作日），如果投入更多管理时间，则可以通过更广泛的供应商进一步筛选降低采购价格。但如果要继续降低采购成本，由于能够供应更低价格的供应商非常稀缺，则一定需要投入更为大量的管理时间。在持续投入管理时间以求获得更低采购价格的情况下，我们可以观察到，时间投入的边际效应在不断减弱（前期多投入1个工作日可以降低10%的采购成本，后期多投入4个工作日仅能够降低2%的采购成本）。

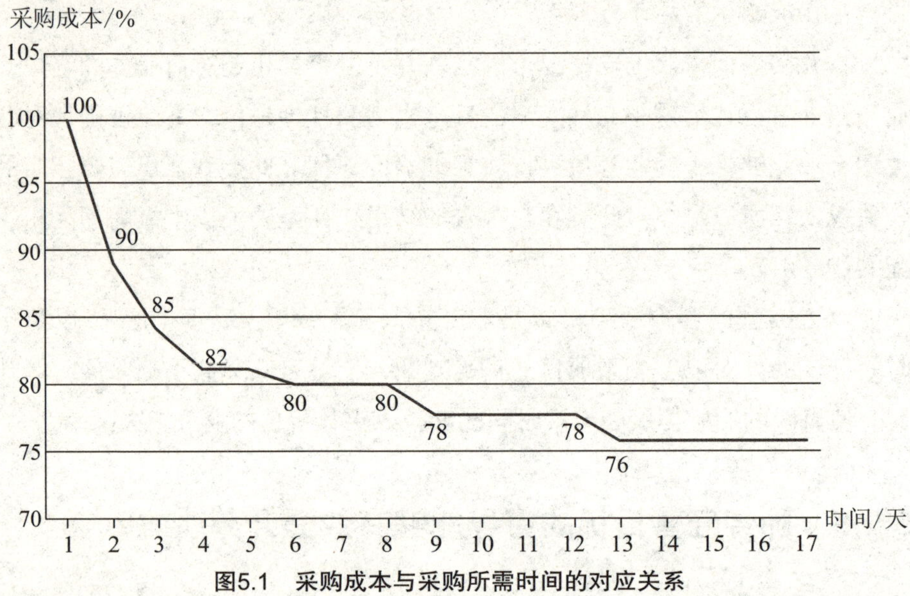

图5.1 采购成本与采购所需时间的对应关系

由此我们可以得出的结论是：企业经营者应当在项目管理中督导团队实现更优经营结果，但基于边际成本的递减效应，企业应当设定合理的项目经营目标，以免造成管理精力的浪费。

项目经营包括的内容是非常广泛的，如采购成本控制、业务关系维护、技术实施等，都属于项目经营中的相关内容。如果要求各项工作均达到极高的水平，无疑会耗费企业经营主大量的管理精力，甚至会因所需的劳动时间过长导致工期延误。因此对于项目经营当中各项指标的合理把握，是企业经营者在自身及团队劳动时间管理中至关重要的内容，这也需要企业经营者对项目的经营目标有全面且深刻的理解。

所谓项目的经营目标，在B2B类型企业领域中一般指客户项目的顺利推进。企业经营者一切的工作安排应当以达成项目推进的进度、技术要求等客户需求内容为核心，而成本控制、客情维护、技术实施手段、人力资源安排等各个方面，在不影响项目核心需求的情况下应当以合理而非优秀为评价标准。也就是说，企业经营者在大宗业务督导上，应当把握好各个问题之间的主次关系，以解决客户诉求为主，在可控范围内“抓主放次”，以节约管理时间。

5.2.6 团队时间管理要点总结

有关团队时间的管理，本节主要强调了以下几个问题。

- 企业采购的劳动时间需要多种管理方式的配套来确保其产生效益；
- 企业经营者需要根据现有业务和人力情况审视企业所采购的劳动时间是否过剩或短缺；
- 企业经营者需要厘清四大事项的重要与紧急程度，从而提升决策效率和劳动效率；
- 商脉结构和业务类型的优化能够为业务的拓展和消化节约大量的劳动时间；
- 甄别“伪客户”“伪项目”也能够为团队节省大量的劳动时间；
- 围绕项目目标进行项目经营能够有效降低不必要的时间支出；
- 企业经营者需要考虑到投入劳动时间在项目工作优化方面的边际递减效应，并以此适当控制各项要求和标准的合理性。

5.3 业务量、资金、团队的红线管理

5.3.1 实例故事：从快速发展到一无所有

演艺供应商王硕在2008年经济危机期间就曾经遇到过业务量的大幅下滑，他的第一次创业也因此失败。2015年，王硕重新开始自己的创业之路，并很快承揽到一家大型企业的音响设备租赁订单。然而，王硕当时的音响数量并没有那么多，为了满足此订单的需求，王硕采购了一大批音响设备，这也使得他的储备资金捉襟见肘。

而且，客户的回款周期出乎意料地长，王硕本来剩余不多的储备资金迅速出现了赤字，仅每月的员工工资支出就让王硕感到不堪重负。很快，员工就知道了公司资金断链的消息，好几个骨干员工因此离职，还带走了公司的部分客户。王硕几乎在一夜之间，除了账单之外一无所有。

对B2B类型企业构成经营风险的要素很多，但较大的风险往往来自三个方面：业务量的萎缩、资金的短缺、团队的失稳。

因此，企业有必要根据自身情况，设置业务量、资金、团队的风险红线，并参照风险红线进行经营，从而实现企业运转的未雨绸缪，将风险带来的危害降低到最小。

5.3.2 第一条红线：业务量

对于已经具有一定发展程度的企业而言，其团队配置、制度建设、考核机制、薪酬体系等都是基于现有的业务量进行设计的，一旦企业现有的业务量出现大幅的萎缩，带来的影响不仅仅是企业盈利的下降，相关的制度设计和考核机制也都会失去其存在和实施的基础。

1. 业务量红线的设置

业务量红线设置的重要标准就是企业现有的行政人事及技术开支总额（仅考虑企业固定开支，不考虑项目开支），以及现有业务的平均利润率。我们将企业固定开支设置为B，业务量红线设置为R，现有业务平均利润率设置为P，储备资金设置为M，则可得到业务量红线的计算公式如下：

$$R=B/P-M$$

也就是说，业务量红线，即现有开支除以平均利润率，并减去储备资金。业务量不低于此红线，企业可维持运营；业务量低于此红线，企业将面临亏损和裁员的风险。

企业可按此公式，设置企业的季度业务量红线和年度业务量红线，并据此制订企业的相关风险计划。

2. 业务量红线应对机制

在企业制定了业务量红线后，当业务量萎缩触及红线时，企业应当如何应对？业务量红线并非仅仅用于管理参考，围绕业务量红线设计的一系列红线机制都能够提升企业的生存能力和抗压能力。

（1）KPI考核机制

当企业制定了相关的KPI考核制度，员工的绩效薪酬即与岗位KPI挂钩，大面积的业务量萎缩必然是KPI未能完成的结果。各个岗位KPI未能完成，各个岗位的绩效薪酬自然就随之下降，一定程度上可以有效缓解企业的运营压力。

也就是说，岗位KPI考核制度的制定需要与业务量红线进行挂钩，并突出红线以上绩效薪酬和红线以下绩效薪酬的梯度差别。这样，因团队自身原因导致的业务急剧萎缩，则可通过制度性的薪酬下降保证企业的生存能力。

此外，岗位KPI考核制度的合理制定本身能够对业务量萎缩起到一定的防范作用。

（2）裁员机制

当企业业务量大幅萎缩，企业现有的团队规模就会显得过剩，企业可以在裁员后仍然保持既有业务的消化能力，因此裁员无论是从业务消化方面来说，还是从降低支出方面来说，都可以满足企业在触及红线时的生存需求的选择。

裁员分为两种情况，其一是责任性裁员，即当员工行为已经损害企业利益时，追究其责任进行的惩罚性裁员，如因员工过错导致企业业务量大幅萎缩，则企业可采取责任性裁员的形式，裁撤一部分缺乏责任心或对企业业务量萎缩负有重大责任的员工。其二是经营性裁员，即员工行为并无过错，但企业为了降低经营成本所进行的裁员。需要注意的是，从法律上讲，如果企业要经营性裁员，应当对被裁员工支付一定的补偿金（在职时间越长，补偿金越高），因此企业需要考虑到是否能够承受大规模经营性裁员的支出。

（3）项目类型调整机制

项目类型不同，其垫款额度、利润率、付款周期也有所不同。当企业的业务量萎缩至红线以下，可以预见的是企业的资金即将出现短缺。在此情况下，企业经营者应根据实际情况调整企业的业务类型，剥离部分垫款多、付款周期长、利润率低的业务，从而提升企业的生存能力。

（4）业务补充机制

当业务量逼近或跌破资金红线，企业应当制订相对应的业务拓展计划，强化业务拓展力度，以新增业务弥补企业所失去的既有业务，从而缓解企业的运营压力。

5.3.3 第二条红线：存量资金

资金短缺同样也可以对企业构成重大风险。首先，对于需要垫付资金的部分B2B类型行业而言，资金链的断裂意味着企业无法再大量承揽新的业务，现有业务的消化也会受到重大影响。其次，资金的短缺也使企业维持运营的压力加大，难以支付企业的行政人事开支，影响到团队的稳定。

1. 资金红线的设置

资金红线的设置办法，主要是参照企业的月均支出和平均回款周期。月均支出包括固定支出（行政人事支出、企业正常分红等）和项目支出（项目成本垫支、供应商结付等），平均回款周期指的是企业项目款的平均结款周期。将资金红线设置为M，将回款周期设置为P，将月均支出设置为B，则可以得到：

$$M=B\times P$$

也就是说，企业的资金红线，不能够低于月均支出与平均回款周期之积。如企业的存量资金低于资金红线，则企业可能在客户回款前面临账目赤字。

2. 资金红线应对机制

应对资金红线，主要分为两种应对机制。其一是被动应对机制，即通过削减开支的形式降低资金红线来维持企业生存，这种机制在之前已有说明，不再赘述；其二是主动应对机制，即通过信贷、催款、股权转让、员工集资等形式，提升企业的储备资金额度。在本节中，我们重点阐述资金红线的主动应对机制。

（1）信贷融资

信贷融资指通过信贷平台获得贷款。需要说明的是，中小微B2B类型企业通过信贷融资极为困难，因为本类型的企业往往缺乏大宗抵押物，所以银行一般不予放贷。此外，也不建议考虑高利率的民间借贷。

（2）款项催收

B2B类型企业的资金短缺多是因客户回款不畅导致，因此如能与客户协调提前回款，则能够减缓企业的资金压力。此外，在储备资金已经跌破红线的情况下，不建议企业继续承揽无预付款的、需要大量垫支的业务。

（3）股权转让

企业如缺乏其他融资渠道，且面临重大的经营危机，可考虑对企业股权进行转让。然而，股权转让的成功一般需要企业拥有持续的盈利能力，而拥有持续盈利能力的企业，通常不会面临太久的资金短缺。因此不建议企业经营者轻易采用以股权转让形式降低经营压力。

（4）员工集资

企业可通过员工集资的形式缓解经营压力，但需要注意的是，集资需要员工对企业有相当程度的信任，同时企业能够给予员工可实现的集资回报。

由于B2B类型行业多为服务型企业，团队失稳自然也将带来重大的影响，其影响主要表现在以下几方面：业务团队失稳，将导致企业的业务承揽量下降，甚至损失现有客户，带来业务量的损失；技术团队失稳，将导致企业的业务消化能力下降，加大新业务承揽和既有业务消化的难度，容易导致客户丢失或市场口碑下降。

5.3.4　团队红线的设置

团队红线指的是维持当前体量业务所必需的人才储备，相较于业务量红线和资金红线，团队红线较为难以把握。企业经营者可以根据现有业务分析何等团队配置可以基本满足现有业务类型和体量，如团队实力低于此配置则无法正常经营，这样的团队配置，就是团队红线。

一旦团队红线被突破，企业除了紧急招聘补充相关人员或临时进行业务外包外，缺乏其他有力的解决办法，因此预防团队红线被突破就显得尤为重要。团队红线的预防机制包括以下几种类型。

1. 奖励延期

在重视有效劳动的薪酬体系下，企业有相当一部分薪酬支出属于奖励性质，奖励性薪酬的发放时间由于不受国家相关法律法规的约束，企业经营者可以自行安排。为保障团队的短期稳定性，企业通常制定特殊的节点对奖励性报酬进行发放。如上一年度的奖励在下一年度年中进行发放，如此的延期奖励策略增强了员工对企业的黏性，是较为有效地团队维稳手段，但也可能带来一些不可避免的员工抱怨。

2. 辞职申请审批

按照劳动法所规定，员工辞职须提前向企业递交辞职申请，使企业能够从容地进行人力资源的补充。在实操上，员工不辞职或辞职后迅速离职的情况比比皆是，对此企业的制衡手段主要是截留辞职员工尚未领取的部分工资，以督促员工能够按期辞职并做好交接工作。

3. 团队文化建设

开展团队文化建设活动以提升团队的凝聚力，避免团队骨干成员流失。

5.3.5　企业红线管控机制要点总结

有关企业红线管控机制，本节强调了以下几个问题。

- 业务量、资金、团队是企业的三条生命线，也是企业经营危机中的最大威胁；
- 业务量红线可由固定开支、利润率和储备资金三个要素计算得出；
- 如业务量红线被逼近或突破，企业可通过KPI考核、裁员、业务类型调整、业务补充等手段进行应对；
- 存量资金红线可由月均支出和平均回款周期两个要素计算得出；
- 如存量资金逼近红线，企业可通过信贷、催款、股权转让、员工集资等手段进行有效应对；
- 团队红线难于掌握，其核心在于团队规模和水平必须能够基本满足现有业务所需；
- 团队红线的控制手法多是预防性的，例如奖励延期、辞职申请审批、团队文化建设等，由此从制度上规避团队主力的突然流失。

5.4　数据先行的经营管理方法

5.4.1　基础数据分析概述

在建立了良好的内部事务记录机制之后，企业应根据记录的各项数据进行相关的经营分析。经营分析对于企业而言至关重要，它能够较为直观清晰地反映出各个经营环节之间的关系，为企业经营者的经营决策起到至关重要的参考作用。

许多中小微企业所存在的问题是：第一，收集数据资料的基础能力较差，对许多重要的经营数据不做收集和整理，使需要基于数据分析的企业决策成为无源之水；第二，对各项数据的分析能力较差，对数据运用的能力不足，对数据之间的关联效应缺乏认识。

然而，基础数据的分析对于企业而言有举足轻重的参考意义，通常来说，致力于长期发展的企业都必须推动以下几方面工作的开展。

（1）本年度工作的总结

包括企业的经营结果总结、人力资源情况总结、经理人述职、股东分红等需要年度汇总开展的项目。

（2）下一阶段的工作计划

包括企业未来的经营目标、人力资源配置计划、预算计划等是需要在新的阶段开始前推动的项目。

通过以上的工作项目可以发现，以上总结和计划的制订，基本都需要基于对企业各项经营数据全面、深刻的了解。因此，在本节我们将对一些基础的数据分析办法进行列表说明。

5.4.2　各种数据的分析办法

1. 业务量数据分析

从业务量相关数据的分析可以得知企业的主要经营情况，并依据各项情况对后续的业务工作进行调整，以此为参考制定下一阶段的目标和任务。业务量数据分析主要包含业务量目标、业务量达成额、业务量达成额占比、年度环比及季度同比等要素的列举及分析，其具体分析方式可参见表5.1。

表5.1　业务量数据分析参照指标

统计要素名称	说明	用途
年度营业额目标	既定的当年年度营业额目标	可以明确年度营业额的目标，并将实际达成的营业额与之对比参照，可得出营业额目标是否可以达成的结论

续表

统计要素名称	说明	用途
季度营业额目标	既定的当年各季度营业额目标，如无，则为年度营业额目标/4	可以明确季度营业额的目标，并将实际达成的季度营业额与之对比参照，可得出各季度营业额目标是否达成的结论
年度营业额达成额	当年实际达成的营业额额度，不统计签单额，仅统计实际收款额	当年的营业额总量，据此可以得出当年年度的业务量规模
年度营业额达成率	实际营业额/目标营业额	据此可得出营业额达成的比例情况，并以此映射至相关KPI进行团队的激励或惩罚
季度营业额达成额	各季度分别达成的营业额额度，不统计签单额，仅统计实际收款额	各季度的营业额总量，据此可得出各季度的业务量规模
季度营业额达成率	各季度实际营业额/各季度目标营业额	据此可得出季度营业额达成的比例情况，可以此判断各季度的商业环境变化，并以此映射至相关KPI进行团队的激励或惩罚
营业额年度环比	当年营业额/上年度营业额	据此可观察本年度营业额是否有增长或衰退，其增长或衰退比例是多少
营业额季度同比	各季度营业额/上年度对应季度营业额	据此可观察行业和企业的旺淡季有无变化，企业在各个旺淡季节点是否充分把握住商业机会，并参照此额度做出下一年度计划的调整和制订

2. 利润相关数据的分析

利润相关数据的分析可以让企业经营者了解到企业的盈利水平，并明确企业目前的经营模式（偏向业务规模或偏向业务利润），同时也可以从中得知项目成本、经营成本等相关信息。需要列举分析的数据包括：总营业额、总毛利率、总毛利额、点净利率、总净利额、项目平均毛利额、项目平均净利额、毛利率同比、净利率同比等，其具体分析方式可参见表5.2。

表5.2 利润数据分析参照指标

统计要素名称	说明	用途
总营业额	当年实际达成的营业额额度，不统计签单额，仅统计实际收款额	当年的营业额总量，据此可知当年度的业务量规模，并以此参照计算出相对应的利润情况
总毛利额	总毛利额=年度总营业收入–年度全部项目支出	由此可知企业的项目盈利情况，以此判断所承揽的项目是否有足够的利润
总毛利率	总毛利率=总毛利额/总营业额	由此可知毛利占总营业额的比率，对于需要项目垫支的企业较有参考意义，尤其是垫支款项的资金费效比可在此得到参考
总净利额	总净利额=总毛利额–行政办公开支–人力资源开支–税务及银行开支–其他开支	由此可知企业的可支配盈利情况，以此可判断股东分红的资金空间以及储备资金的留存比例
总净利率	总净利率=总净利额/总营业额	由此可知净利占总营业额的比率，与总毛利率对比可知企业的行政人事及财务税务相关支出情况
项目平均毛利额	项目平均毛利额=总毛利额/本周期项目数量	由此可知企业一般情况下每单业务带来的毛利额，可由此规划业务拓展部门的工作计划
项目平均净利额	项目平均净利额=总净利额/本周期项目数量	由此可知企业一般情况下每单业务带来的净利额，可由此规划业务拓展部门的工作计划
毛利率最高的项目前五位排名	根据财务流水统计的毛利率最高项目五个	由此可分析何种类型、何种项目带来较高的盈利，并以此作为参考来调整之后的业务拓展与维护、挖掘计划
毛利率最低的项目前五位排名	根据财务流水统计的毛利率最低项目五个	由此可分析何种类型、何种项目带来的盈利较低，并以此作为参考来调整之后的业务拓展与维护、挖掘计划
毛利率同比	与上一年度年度毛利率的对比	由此可知企业毛利率是否有增长，同时对比项目清单可推断企业的业务拓展战略是否合理，并在之后做出修正
净利率同比	与上一年度净利率的对比	由此可知企业净利率是否有增长，同时对比毛利率的增长情况，可知本年度的行政、人事、财务、税务等开支究竟呈增加还是减少趋势，并以此为参考作出之后的内部预算规划

3. 支出相关数据的分析

此部分分析可以让企业经营者极为快捷地把握企业的总体支出情况与分项支出情况，并通过横向对比和纵向对比，对下一阶段的支出预算进行调整，从而实现良好的企业成本控制。需要分析的数据包括：总体支出、人力支出费用额及其占比、银行及税费支出费用额及其占比、行政支出费用额及其占比、公关支出费用额及其占比、其他支出费用额及其占比、年度环比及季度同比，其具体分析方式可参见表5.3。

表5.3 支出数据分析参照指标

统计要素名称	说明	用途
总体支出	本年度总体支出（仅计算财年内已发生的部分）	由此可知企业的年度支出情况，并以此判断企业成本是否得到良好控制
人力支出费用额	本年度所有的人力资源开销，包括员工基本工资、岗位工资、绩效工资、奖金、五险一金、报销等	由此可知团队的人力资源支出情况，并可以现有的支出规模作为参考，制订下一阶段的人力资源计划
人力支出占比	人力支出占比=人力支出费用额/总体支出	由此可知人力支出费用在总体支出中的占比，参照企业毛利率可知企业的人力成本情况
银行支出费用额	本年度所有的银行开销包括银行手续费、银行扣费等	由此可知银行支出的基本情况
银行支出占比	银行支出占比=银行支出费用额/总体支出	由此可知银行支出在总体支出中的占比情况
税费支出费用额	本年度所有的企业税费包括企业所得税、增值税以及地方税费	由此可知税费支出情况，此条对于一般纳税人较为重要，一般纳税人向甲方开具发票所产生的所得税可由开支费用的发票进行抵扣，按此可知财务工作是否实现了正常的税务冲抵，以及企业成本账目及票据收集工作是否合理
税费支出占比	税费支出占比=税费支出费用额/总体支出	由此可知税费支出在总体支出中的占比

续表

统计要素名称	说明	用途
行政支出费用额	本年度所有的行政支出，包括办公用品、设备采买、房租水电等项目	由此可知行政支出的费用额度
行政支出占比	行政费用支出占比=行政支出费用额/总体支出	由此可知行政支出在总体支出中的占比
公关支出费用额	本年度所有的公关支出包括招待费、中介费等	由此可知企业公关支出的费用情况，一般而言，公关支出已经纳入各项目成本，对公关支出费用额的统计可以与平均项目利润相对照，以评估公关支出是否过高
公关支出占比	公关支出占比=公关支出费用额/总体支出	由此可知公关费用在整体支出中的占比情况，可以此制订下一年度的公关费用计划
其他支出费用额	本年度其他费用总额	
其他支出占比	其他支出占比=其他支出费用额/总体支出	
年度同比	各项目的上一年度与本年度对照	通过各项目与上一年度的费用金额、占比比例对照，可知本年度的各项费用变化趋势，并以此作为参考进行下一年度的费用规划
季度环比	各费用项目的季度对照	由此可知企业招聘、公关等方面的高发时段以供参考，做出下一年度相关工作的计划安排

4. 人力资源支出相关分析

人力资源支出是B2B类型中小微企业支出中的重要部分，也涉及团队规模和素质的建设，因此企业经营者有必要对此进行专项的分析。通过人力资源支出分析，可得知当前团队的绩效完成情况、薪酬体系架构、各部门之间人力配属是否平衡等信息。具体需要分析的数据包括：总人力支出、各部门年均及月均人力支出、各部门人力支出比例对比、年度规划绩效支出、年度实际绩效支出、各部门人力支出年度同比及季度环比等，其具体分析方式可参见表5.4。

表5.4　人力资源支出数据分析参照指标

统计要素名称	说明	用途
总人力支出	本年度所有的人力资源开销包括员工基本工资、岗位工资、绩效工资、奖金、五险一金、报销等开销	由此可知团队的人力资源支出情况，并可以现有的支出规模作为参考，制订下一阶段的人力资源计划
年度规划绩效支出	如KPI绩效指标全部达成，所应发放的绩效工资额度	对照总人力支出，可知当年年度纳入绩效考核的薪资比例，并可参照此项，在未来的规划中，按照企业对未来绩效比例的预期计划进行调整
年度实际绩效支出	实际所发放的绩效工资额度	将此项与年度规划绩效支出相对比，可知本年度绩效完成的总体情况
各部门年均人力支出	本年度各部门的人力成本支出额度	由此可知各个部门的人力资源支出情况，并可以现有的支出规模作为参考，制订下一阶段的各部门人力资源计划
各部门月均人力支出	本年度各部门的月均人力支出额度	由此可知各个部门的每月人力资源支出情况，并可以此作为依据制订资金储备计划和资金红线
年度部门规划绩效支出	如KPI全部达成，各部门分别所应发放的绩效工资额度	对照各部门年度人力支出，可知当年年度纳入绩效考核的薪资比例，并可参照此项，在未来的规划中，按照企业对未来绩效比例的预期计划进行调整
年度部门实际绩效支出	实际各部门分别所发放的绩效工资额度	将此项与年度部门规划绩效支出相对比，可知本年度各部门绩效完成的情况
各部门人力支出比例对比	各个部门人力支出在总体人力支出中的百分比对照	根据各个部门之间人力支出的比例对比，结合各部门的KPI考核任务，可粗略判断各部门的人力费效比如何
公司人均产值	公司人均产值=年度总营业额/员工数量	人均产值与人均薪酬支出相对比，可知公司的人力资源费效比，并可以此作为参照对后续的人事计划和业务计划作出调整

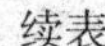
续表

统计要素名称	说明	用途
公司人均薪酬支出	公司人均薪酬=年度总人力支出/公司员工人数	此项即公司员工的平均薪资，可以此与行业平均薪资水平相对照，了解公司薪资在行业中的水平，并可结合公司的人才计划进行参考，在之后的薪酬体系建设中进行修正
各部门人均薪酬支出	部门人均薪酬=年度部门人力支出/部门人数	此项即各部门员工的平均薪资，可以此与行业各岗位平均薪资水平相对照，了解公司设定的各个职能部门平均薪资在行业中的水平，并根据公司计划所需达成的薪资竞争力进行调整
总人力支出年度同比	本年度总体人力支出与上一年度的对照	由此可知人力支出在近年来的增减情况
各部门人力支出年度同比、季度环比	本年度各部门人力支出与上一年度的对照，以及各部门人力支出各季度的环比对照	由此可知各部门的人事资源配置变动、薪资调整的粗略情况

5. 客户相关数据分析

客户资源的开发与维护是B2B类型企业的工作重心所在，因此对此部分工作进行专项的数据分析也显得非常有必要。通过客户数据分析，企业经营者可以获知各个客户的业务规模、利润水平等相关情况，并在下一阶段的工作中，由此作为参考甄选出更具价值的客户进行重点开发和维系，对缺乏价值的客户进行剥离，以此优化客户结构和客户拓展维系工作的安排。此部分需要分析的数据包括：总营业额、总毛利额、客户数量、客均贡献产值、客均贡献毛利、客均贡献产值、大客户数量、大客户客均贡献产值、大客户贡献产值占比、大客户贡献毛利额占比、各项目环比，其具体分析方式可参见表5.5。

表5.5　客户数据分析参照指标

统计要素名称	说明	用途
总营业额	当年实际达成的营业额额度，不统计签单额，仅统计实际收款额	当年的营业额总量，据此可知当年年度的业务量规模，并以此参照计算出相对应的利润情况
总毛利额	总毛利额=年度总营业收入−年度全部项目支出	可知企业的项目盈利情况，以此判断所承揽的项目是否有足够的利润
客户数量	企业本年度成单的客户总量	可知企业本年度承接客户的数量，可由此掌握客户拓展与维护的情况
客均贡献产值	客均贡献产值=总营业额/客户数量	由此可知企业在当年年度每开发一个客户可以得到的平均产值
客均贡献毛利	客均贡献毛利=总毛利额/客户数量	由此可知企业在当年年度每开发一个客户可以得到的平均毛利
大客户贡献产值	贡献产值占本年度营业额比例超过10%的客户所产生的总营业额	由此可以把握企业的重点客户，并了解大客户所带来的产值比例，确定下一年需要重点维护的客户对象
大客户数量	贡献产值占总营业额比例超过10%的客户数量	由此可把握企业重点客户的数量，并以此为依据安排企业相关部门的维护、拓展计划
大客户客均贡献产值	大客户客均贡献产值=大客户产值/大客户数量	由此可知每个大客户平均贡献的产值量，此数量与各个大客户分别产生的产值相对照，可以甄选出现阶段大客户中的重点客户
大客户贡献产值占比	大客户贡献产值占比=大客户贡献产值/总营业额	由此可知大客户贡献产值的比例如何，并从中筛选出最具产值贡献价值和贡献潜力的客户作为下一阶段工作的重点
大客户贡献毛利额占比	大客户贡献毛利额占比=大客户贡献毛利额/总毛利额	此数据与大客户贡献产值对比可知大客户的利润率是否高于一般客户的利润率，由此判断企业在大客户工作中是否具有议价优势，并以此安排下一阶段的大客户维护工作
各项目环比	各个项目的季度环比及年度环比	通过各个项目的季度环比及年度环比观察项目的发展状况

6. 订单相关数据分析

作为客户数据分析的重要补充，成交订单量也是需要纳入企业考量的重要部分。对于订单的分析可知企业在各宗业务上的收益和支出信息，并

可以此来指导下一阶段业务引入和业务消化工作的开展。需要分析的数据包括：拜访量、成单量、成单比率、成单均收入、成单均毛利率、拜访均支出，其具体分析方式可参见表5.2。

表5.6　订单数据分析参照指标

统计要素名称	说明	用途
拜访量	记录在案的客户拜访次数，此数据可通过部门收集的员工日清、客户工作会议纪要等进行统计	由此可知企业现有的拜访量情况，并根据现有的客户量、成单量对照参考，制订之后的客户拓展和维护计划
成单量	企业当年年度的业务成单量，可通过项目立项制度进行统计，仅计算已签约部分，不计算有意向但未签约部分	由此可知企业的成交订单数量，并可由此得到月均、季度、年均成交单数，并参照企业现有的月均利润、月均支出等内容，参考调整相关的业务拓展计划和团队人力资源安排
成单比率	成单比率=成单量/拜访量	由此可知企业在当前工作方式下的成单比率，并可根据成单比率的高低得知业务拓展效率如何，并以此为参照来调整下一阶段的业务拓展方针
成单均收入	成单均收入=本年度总营业额/成单量	成单均收入与现有年度总营业额和下一阶段的业务计划相对照，可明确下一阶段应计划的订单引入数量
成单均毛利额	成单均毛利额=本年度总毛利/成单量	成单均毛利额与现有总体开支、企业下一阶段盈利计划相对照，可知企业在下一阶段需要何等成单量才能满足发展需求
拜访均支出	拜访均支出=本年度公关开支/拜访量	每次拜访的平均公关支出，可参照此调整下一阶段的企业公关预算

7. 资金相关数据分析

资金是企业经营的生命线之一，因此加强对资金的管理对企业来说是至关重要的。资金相关数据分析可让企业经营者制订出更为合理的财务计划，并提升企业的生存力与发展力。需要纳入分析的数据包括：储备资金、预计月均支出、应收款额及占比、实收款额、待收款额及占比，其具体分析方式可参见表5.7。

表5.7　资金数据分析参照指标

统计要素名称	说明	用途
储备资金	企业现有可支配资金（不包括债务）	可知企业现有的储备资金状况
预计月均支出	预计未来数月的月均支出，包括行政、人事、税务以及项目成本等开支	与储备资金、企业月均毛利相结合可知现有储备现金可供支持的经营时间
应收款额	企业在本阶段（年、季度）按照各签订的协议应收的所有款项金额	可由此了可知企业的全部应收款项额度及明细
实收款额	应收款当中实际已收的款项金额	可由此可知目前回款的额度及明细，也可参照此对客户的回款周期、回款信用进行判断，参考此判断可决定下一阶段的客户应对策略
实收款额占比	实收款额占比=实收款额/应收款额	由此可可知企业的回款情况，并可以此信息判断企业的一般回款周期
待收款额	应收款当中实际未收的款项金额	由此可可知企业尚未回款的额度及明细，指导催收工作的开展
待收款额占比	待收款项占比=待收款额/应收款额	由此可可知企业的未收款情况，并根据此预估未来回款的难度与所需的工作量，并以此做出相应的催收安排、团队调整等，如占比过高甚至可考虑启动资金红线计划

5.4.3　数据化决策和管理要点总结

有关数据化决策和管理，本节重点强调了以下几个问题。

- 数据分析是企业总结和计划的基础，对企业决策有重要的参考作用，因此企业经营者和管理者有必要学会熟练运用；
- 通过业务量数据分析可以得知业务量规模、完成情况以及淡旺季分布、经营上行或下行趋势；
- 通过利润相关数据的分析可知企业的成本水平、利润水平，明确留存资金和股东分红计划，并通过净利润和毛利润的对比把握项目的一般成本；
- 支出相关数据分析可以使企业经营者厘清企业的成本开支构成，并以此为参考制订下一阶段的总体预算计划；

● 从人力资源支出相关分析可以得出企业的人力配置和薪酬配置情况，形成对下一阶段薪酬调整的参考。同时参考绩效部分发放情况可知本阶段KPI在员工层面的总体完成程度；

● 客户相关数据分析能够使企业经营者明确各个客户的业务规模和盈利水平，并以此作为参考进行下一阶段的商脉工作规划；

● 订单相关数据可以分析团队的业绩引入工作效率，并以此为参考进行业绩引入工作的修正。同时也可按此了解基础的订单业务规模和订单盈利情况，对下一阶段的订单数量进行对应规划；

● 资金相关数据可以分析企业的存量资金是否足够、回款比例如何等内容，并可以此为参考决定有关催收、分红、资金存量提留等事务，同时也可根据此观察各个客户的信用水平和支付能力，对下一阶段的业务工作做出指导。

5.5 正常为优的价值观与配套经营实操手法

5.5.1 实例故事：真的需要追求“优秀”吗

自己的公司到底做得怎么样？叶进一直对自己的公司管理存在疑问。出身销售岗位的他，通过一步一个脚印的努力，成立了自己的环艺设计和施工公司，每年能够达到近亿元的营业收入。在外人眼中，自己的公司已经算是非常优秀，然而他却总觉得公司缺少“闪光点”。

叶进始终觉得，自己的团队水平并非行业当中最强的，有不少同行的设计频繁斩获国际性的设计大奖，而自己的团队在设计创意方面不过是中上水平。就业务量而言，自己的公司也不能和全国性的环艺设计公司以及各大设计院相比。自己公司里员工的收入也并不高，在行业处于平均水平，不算好也不算坏……种种情况让叶进觉得自己的公司其实并没那么好。

为此，叶进开始尝试在公司里作出一些改变。按照他的分析，要实现现状的突破，必须扩大自己的业务量。因此，叶进为销售团队制定了较高的目标，责成销售团队在今年之内必须达成40%的业绩突破。如此一来，销售团队压力陡然增大，好在叶进公司里的工作氛围还比较好，员工虽然有抱怨，但还是立刻投入到了具体的销售工作当中。

比较顺利的是，不久之后，叶进的销售团队果然实现了业务量的明显增长。可是这样一来，公司现有的设计团队便显得人手不足，左支右绌，工作压力剧增，长时间的加班成为设计部门和销售部门的工作常态，一些工作能力不错但抗压能力较弱的员工开始辞职。同时，由于项目公关开支和工程开支的增长，叶进的公司账面资金不增反减。

叶进感到很纳闷，自己明明在促进公司的发展，却弄出了不少问题，这到底是为什么?

企业经营者对企业的各项事务应给予怎样的评价标准? 这并非公理性的问题，各个企业有不同的具体情况，适合的评价标准也有所不同。因此本书仅就此话题提出观点以供参考，不作为普适性的知识条目进行论述。

5.5.2　优秀企业意味着事务大规模的正常运转

在绝大多数的企业运营案例中我们可以发现，优秀的企业不是因为每一件事务的实施都能够超出平均的、正常的行业水平，而是因为能够把控绝大多数事务的能力不低于行业平均的、正常的水平。也就是说，优秀的企业之所以优秀，多是因为“少犯错”而非因为在各方面能够达到绝对的“优秀”。

目前，我国经济增速虽有回落，但总体上而言仍然属于上行期，在经济上行期的企业，其优秀建立在如下的基础上：在大多数的事务当中，能够维持正常的行业水平和商业合理性，可以保证企业运转不出现重大问题或失误。

被业界认为经营“一般”的企业，许多事务的开展反而不“正常”。如企业的各项事务开展都能够维持正常的行业水平和商业合理性，那么业界一定认为此企业的经营状态是“良好”甚至“优秀”。而业界将一家企业的经营状态评估为“一般”，是因为此家企业存在着各种各样的问题。

由此我们可以比较笼统地说：中小微B2B类型企业的优秀，是各项事务正常开展的结果。企业的储备资金留有余地、团队规模配置合理、员工具有正常的职业素养、业务量能够稳健增长、各项事务能够得到负责任的解决、解决方式符合一般的商业逻辑……诸多的正常运转，使企业能够做到优秀。如果企业还能在其中的某几个领域做到明显超出行业的平均水平，那么我们将这样的企业称之为“卓越”的企业。

5.5.3 局部的优秀可能对整体起到反作用

企业各个局部事务之间的协调与平衡，其重要性甚至大于局部的优秀。在一定情况下，局部事务的优秀一旦与整体水平失去协调，反而有可能对全局发展起到反作用。在此，我们将对几个需要关注的企业经营重点列表（表5.8）进行模拟，分析各种“局部优秀”给企业所带来的反作用。

表5.8 局部优秀的反作用模拟

	项目名称	反作用结果
超出企业整体发展水平的项目	资金储备	资金储备过多，却无足够的业务规模进行投入，则可能导致资金闲置，经营回报率有限
	团队规模及能力	团队规模超出现有业务需求过多，或能力超出现有需求水平过多，这无疑会导致团队闲置和开支过高，且无法通过业务消化覆盖支出，继而造成账面赤字
	制度建设	制度建设水平超出现有的团队规模实际情况，或超出现有业务的体量情况，可能会导致制度建设成本相对高昂
	业务量	业务量水平超出现有的团队规模情况、团队消化水平、资金储备情况、制度建设情况，可能会导致团队压力剧增、资金储备不足以应付项目支出、制度漏洞频繁出现等问题

可以从表中看到出，“局部优秀”必须建立在整体均衡的基础之上，否则某一部分的过快发展可能会破坏现有的各个管理要素之间的协调关

系，从而使企业的整体管理水平不进反退。

5.5.4 “正常即优秀”的价值观实施

那么，如此的管理价值观能够给我们带来怎样的管理标准？事实上，本书认为基于此价值观形成的管理标准更加适合于各个中小微B2B类型企业的发展模式。根据“正常即优秀”的价值观，企业可制定以下几方面的实施策略。

1. 追求“宽余生存”而非“跃进式”的稳健业务目标

由于B2B领域的企业多为订单导向型企业，企业订单的多寡直接决定了企业的营业额与总体利润额水平，因此许多企业经营者希望订单规模增长得快且多。然而，过快过多的业务量增长可能会降低企业的生存能力并形成潜在的经营风险。

业务量的增长可能会导致企业垫支成本增长（继而导致企业储备资金减少、回款压力大）、业务团队规模不足（继而导致团队工作压力剧增）、企业制度不能跟上业务量剧增所带来的变化（继而导致管理出现短期混乱）。在极端的情况下，“跃进式”的业务量增长给企业带来的效益甚至可能为负。而这正是之前提到的“局部优秀可能对整体起到反作用”，即业绩量大幅增长，相关配套的管理能力、资源储备却未能跟上，最终让企业陷入困局。

而“宽余生存”的目标标准，则是将目标拟定为较为稳健的业务量增长。业务量的增长能够满足企业的正常开支及达到一定的净利润水平，帮助企业实现平稳的业绩增长过渡。以“宽余生存”作为目标标准，其优点在于以下几个方面。

（1）有利于激励团队

团队目标达成可能性强，也有充分的目标制定理由，团队信心和认同度更高。

（2）有利于提升整体协调性

更匹配现有的团队规模和制度水平，不会因业务量的单项发展导致整体协调的撕裂。

（3）有利于降低经营风险

在资金上减少了因业务扩张过速导致的短缺。

2. "够用且有少量余地"的人力资源配置

对于企业经营者而言，追求更优的人力资源配置，让团队拥有更强的综合素质是长期的目标所在。但在建立这个目标之前，需要审视的问题是：现有业务究竟需要何等规模和水平的人力资源配置？如若不作此分析，盲目追求团队所谓的"高水平"无疑是对人力资源支出的浪费。事实上，对于B2B类型企业而言，"适合现有业务"的团队一般比"资历高、水平强"的团队更具价值。因为，在团队对现有客户需求的了解程度、对现有业务类型的了解程度、对内部沟通机制的熟练以及内部一般事务的沟通效率等方面，高资历团队相比一般的企业老员工并无明显优势，甚至在某些方面还会有一定劣势。对于B2B领域中的各个行业企业，由于其业务的发展依赖于商脉的拓展和维护，不同客户的需求决定了不同企业的行事风格，在实操中个体差异极大，很难如B2C类型的企业一样有相对普适性的经营原则和管理原则，因此人才的职业背景价值不见得在各个企业中都能够得到良好的发挥。

坚持以"够用"和"有余地"这两点原则作为企业团队规模和水平的评判标准，能够使企业的人力效能得到更大的发挥。首先，所谓"够用"，就是业务消化团队的规模和水平能够满足现有的业务消化，如存在销售团队，则销售团队的存在能够为企业带来稳健的销售预期。其次，所谓"有余地"，指的是企业的团队人力规模能够预防一定可控程度的人才流失，企业的团队水平能够应对可能出现的或超出现有业务一般要求的相关需求。以此二点作为人力资源配置的评判标准，可以兼顾到团队配置的经济性和发展性。

3. 对业务量、资金、团队三条红线加强保护力度

更为稳健的目标策略无疑能够提升企业的抗风险能力与生存能力，从而更好地保护和控制业务量、资金、团队的经营红线水平，关于经营红线的保护，详见相关章节的论述。

5.5.5　“正常为优”的经营价值观要点总结

有关企业的经营价值观，本节主要强调了以下几个问题。

- 事务大规模正常运营即能够导向企业运营的优秀结果；
- 降低企业的犯错概率能够提升企业发展的稳健度和生存力；
- 应当实行较为稳健的目标战略、人力资源配置和资金计划。

5.6　企业会议的开展方法与技巧

5.6.1　实例故事：开好一个会议有多难

廖芳总是觉得公司内部的会议不能够起到相应的作用，每次开会都可以用“鸡飞狗跳”来形容。首先是会议当中各个“派别”的观点极容易引起争吵，现场很难控制，甚至有人将观点的冲突上升到人身攻击；其次，会议常常开得离题万里，经常在讨论一个话题已经讨论了几十分钟后，才有人想起来讨论的话题和会议主题毫无关系；最后，令廖芳最为郁闷的问题是每次经过了激烈的争辩后，会议都并不能起到好的作用。每次开展专项会议她都希望能借此机会解决一些问题，然而会议结束后不仅问题依然存在甚至还有派别争吵愈演愈烈的趋势。

为此，廖芳决定在公司里强调会议纪律，甚至规定会议期间离题万里的发言者要接受罚款。这样一来，会场的纪律好了很多，虽然表面上看起

来会议开得和谐了不少，但是每次会议还是不能起到相对应的作用。

会议不能达到预期的管理效果，是许多企业经营者常常需要面对的问题。导致此问题发生的重要原因一般有两种：会议开展不规范、会议决议执行缺乏保障。

所谓会议开展不规范，是指会议未能够充分地发挥议事和决议的作用，使得会议不能达成一致意见，最终的决议意见表达不清晰、不完整。

5.6.2 会议开展的基本原则

事实上，会议的议事原则早已有人进行总结，如著名的罗伯特议事原则，就是针对众议制度制定的、能够有效提高会议效率的议事办法。中小微企业规模小、议程短，因此过于复杂的议事法则并不一定适合实施，但至少要知道通过会议议事需要注意到的几个关键点。

1. 会议须有议题和议程

会议一般可分为例会和专项会议，一般而言，专项会议有较为明确的议题，而例会则往往缺乏议题欠奉。在议题缺乏的情况下，各种讨论容易离题万里，使得会议缺乏效率。因此，在会议召开之前，应有明确的会议议题和议程，并制作成文本资料提前向参会人员进行发放，可以帮助参会人员提前了解会议的议题和议程并准备相关的参会材料，以提升会议的效率。

2. 参会人员须与所议事务相关

由于企业事务繁多，团队时间有限，因此每次会议所召集的人员需要与所议事务有关，且在会议前已经对所议事务有所了解。许多管理者有广泛召集人员开展所谓“头脑风暴会议”的通病。事实上，议事权也是企业管理中较为重要的权利之一，议事权的赋予同样需要慎重。与会议所议事项无关人员的参与，不仅增加了会议主持人员解释说明的时间，也由于事务无关人员对所议事务了解较浅，很难提出合理化建议，反而还可能耽误既有的工作安排。同时，参会列席人员过多，如果充分给予列席人员发言和思考的时间，会造成会议冗长，议事效率低下。因此综合而论，不宜召集与所议事项无关的人员参与会议。

3. 会议须有主持者和决策者

会议的主持者和决策者是决定会议效率的关键人物，在中小微企业中，非正式会议的主持者有时同时也是决策者。会议的主持者能够维持议事规则的顺利实施，引导会议的主题，有效提升议事效率。而会议的决策者能够在会场意见出现分歧的时候，综合双方意见进行最终决策，以避免会议讨论过程中出现因无法决策导致的僵持局面。

4. 议事须有发言次序

会议过程中，应对会议参与人的发言次序进行妥善安排。在参会人员表达意见时，应有先后次序，并要求发言人能够简明扼要地申明自己的主张，避免不必要的争论和讨论，同时也可以规避因无发言顺序导致的集体缄默情况。

5. 集体决策事务应有表决机制

在会议需要集体决策时，应有表决机制，并且明确参会人员有赞同、反对和弃权的权利。需要注意的是，参与表决的会议人员应当具有相对应的决策权限和议事权限，并充分了解所议事项，会议开展者不能够盲目扩大集体决策会议的参与规模，避免对事务不了解、不熟悉或缺乏参与集体决策资格的人员影响到表决结果的合理性。

6. 会议应有严格明确的会场纪律

除了基本的议事规则以外，也应制定明确的会场纪律，如按时到会、不能随意打断他人发言、议事应针对事务而非针对个人、会议途中需要通讯设备静音、不得随意离场等。严格明确的会场纪律能够维持会议的严肃性，并提升会议效率。

7. 会议应有记录和决议

由于缺乏记录和决议的会议所决定的事项不能立即被记录并形成任务分配到人，因此往往会造成会议在开展后缺乏成效。所谓会议记录，就是将会议的主要议事内容进行记录。所谓会议决议，就是将最终的会议决策进行确定，以便在之后的工作中有效贯彻会议精神。

5.6.3 会议决议的执行保障

所谓会议决议执行缺乏保障，一方面指的是会议的决议不能够与绩效考核、短期目标等明确挂钩，缺乏针对决议的奖惩机制；另一方面指的是形成的决议不清晰。

1. 会议决议需要与现行考核制度挂钩

需要注意的是，会议决议能否达成，与会议是否能与岗位KPI挂钩有直接的关系。然而，会议开展的密度一般远远大于KPI考核的周期，这使得很多重要的会议决议，在实操中未能紧密地和KPI指标的考核相结合，造成会议决议无人执行，并且从KPI考核上来看是无从究责的情况。因此，如要确保会议决议的执行成效，建议企业采用灵活、短期的KPI考核机制（详见游戏设计论章节）。长周期KPI考核和短周期KPI考核的流程对比如下。

（1）较长的KPI周期

重要会议决议不能及时列入KPI考核内容→会议决议缺乏与考核机制的配套→较差的会议决议执行结果

（2）较短的KPI周期

重要会议决议能够及时列入KPI考核内容→会议决议成为岗位KPI考核项目→较好的会议决议执行效果

2. 会议决议需要明确清晰

会议决议的清晰化，主要把握“到人、到事、到期”三个原则，即各项决议是否已经指定负责人进行负责，负责的内容是哪些，决议任务在何时间完成。把握好这三点，也就可以将会议决议明确地拆解给参会的各个单位、部门和人员，使事务相关人员能够明确职责。

（1）责任落实到人

由何人进行总体负责，由何人负责各个相关板块，需要在会议决议中进行确定。

（2）办法落实到事

每个事务参与人员所负责的事务的明确阐述，包括事务目的、事务内容、事务的推进方式等。

（3）工作安排到期

各个事务参与者推动事务的排期计划，包括整体目标的排期计划和落实到人的分项目标排期计划。

在根据“到人、到事、到期”的原则进行决议的相关统筹后，企业经营者可根据统筹安排的结果明确责任，并结合各个岗位的KPI对事务的完成情况进行考核，使会议决议真正与参会人员的切身利益挂钩，也使决议的实施有相关的制度依据。

5.6.4 会议开展技巧要点总结

有关会议的开展技巧，本节主要强调了以下几个问题。

- 会议须有议题、议程，并具备对议题和议程负责的决策者和主持者；
- 参会人员须与会议主题相关，并具有建议权。在需要集体决策的事务方面，应有会议表决机制；
- 会议应有记录和决议；
- 会议决议应当映射在企业的KPI考核上，同时短期KPI考核策略更有利于会议决议的实施；

- 会议决议应当清晰，符合“到人、到事、到期”三个原则。

5.7 务虚与务实工作的把握

5.7.1 实例故事：务虚工作真的只是花架子吗

周坤经营公司多年，已经有了一定的经验积累，公司规模和业务量小有可观。周坤的文化程度虽然不高，但因为学习能力很强，再加上有踏实的经营态度，所以公司一直能够妥善地为各个客户服务，客户也对周坤的公司感到很满意。

然而在为客户服务的过程中周坤发现，许多客户的公司都非常注重企业价值观和团队文化的建设，常常提出一些旗帜鲜明的口号。一开始，周坤对此感到不以为然，认为这并没有什么用。然而在周坤接触得多了之后才发现，客户企业的价值观有其道理，对各项工作的开展是有指导意义的，于是周坤也想建立起自己的企业价值观和团队文化，希望通过这方面的建设，提升团队的整体战斗力和凝聚力。

然而，事情却并不像周坤想象得那么简单。首先，如何制定自己公司的企业价值观和团队文化就是一个巨大的挑战。周坤的公司本身只是一家媒体代理公司，除了多挣钱，周坤也想不到有什么需要提倡的价值。于是周坤在多番考虑后提出了“服务带来企业盈利，发展成果全员共享”的企业价值观口号，希望能够通过将物质奖励作为核心驱动力使员工更富激情地投入到工作当中。

然而口号的提出却并没有起到什么作用：第一，员工认为“发展成果全员共享”的提出完全是一句空话，现有的福利、薪酬待遇一点都没有变；第二，员工认为在具体工作中，究竟是应该以提升服务品质为重还是以提升利润为重，口号也说得很模糊，对工作没有指导性。

经历了挫折的周坤不禁开始怀疑起建立企业价值观和团队文化的意义，它们真的是重要的吗？它们和各种具体的事务之间，究竟应当有怎样的关系呢？

企业在实际经营中，务虚工作和务实工作都是不可缺少的。所谓务虚工作，是指非事务性的、前瞻性的、方针性的相关工作，例如企业经营目标的讨论、企业文化的建设方向等。所谓务实工作，则是事务性的、需要及时处理的、战术性的相关工作，例如项目事务处理、客情公关工作、市场调研工作、行政财务事项等。

如果说务虚工作的开展，能够为企业梳理各类事务的发展方向，那么务实工作的开展就是逐步落实企业发展方向的过程。但不成熟的企业经营者往往不能合理判断何种事务属于务虚事务，何种事务属于务实事务，或仅重视务实事务，而忽略了务虚工作的重要性。

如不能辨明务虚事务和务实事务，在日常工作中将其混淆，则往往会导致议事效率的下降，使议事话题缺乏边际，难以控制。如忽略了务虚工作的重要性，则往往不能及时修正企业的发展方向，使其偏离企业经营的初衷。

5.7.2　务虚工作与务实工作的对应关系

企业的使命是什么？企业应当为员工提供怎样的工作环境？企业的价值观是什么？企业受目前行业趋势的何种影响？诸如此类的务虚方面问题，看似与实际工作的开展毫不相关，然而实际上却是有明确的对应关系，如以下几个方面。

1. 企业使命与配套经营策略

B2B类型企业的使命不外乎形成行业影响力、提升盈利规模这两种，各种不同的说法仅仅是这两种使命的变体。如企业的使命以形成行业影响力为主要诉求，那么企业应当采取扩大客户规模、专注品牌客户的服务、制造优秀案例、打造品质与规模兼具的团队等手段作为实施配套；如企业的使命以提高盈利规模为主要诉求，则企业应当以提升业务承揽规模和业务利润水平、提高团队的使用效率、降低运营成本、建设激励盈利的KPI考核制度为经营策略实施配套。

2. 企业价值观与具体经营办法

企业价值观，对企业的各项具体事务利弊如何权衡和取舍有极为重要的参考意义，企业价值观千差万别，在企业经营价值观层面中，其关键不外乎“追求质量”与“追求数量”的差异。所谓“追求质量”，即作为服务型企业，将对客户服务的质量放在第一位，通过多种方式完善客户的服务体验，配套包括寻求案例级合作、团队的培训提升、技术的研发提高、业务承揽及消化流程的优化等相关动作。而“追求数量”，是以企业的营业规模和客户规模作为第一旨归，通过多种形式实现企业在经营指标数量的增长，配套如扩大业务团队、设置激励性的业务承揽奖励和制定以销售为导向的KPI等相关动作。

3. 团队文化与团队建设

团队文化在管理学上分为A型文化和B型文化两种主要的解决思路。A型文化认为人性本身是好逸恶劳的，需要严密的制度和奖惩措施进行规导；B型文化认为在适当环境下，人性本身是愿意通过工作释放能力的，需要企业在各方面提供人性化的工作环境。如采用A型文化作为团队文化建设的思路，则企业应当重点强调团队纪律性和责任感，制定高密度的奖惩机制，不断修正团队的工作态度。如采用B型文化作为团队文化建设的思路，则企业应当重点强调工作的创造性和意义，为员工提供相对人性化的工作环境。此外，一般来说，A型文化一般适合与过程管理机制相配套，以便在管理过程中不断验证团队纪律是否得到贯彻；B型文化则一般适合与结果管理机制相配套，以便为员工提供更多的自主工作空间。

4. 企业管理模式与配套办法

企业管理模式的主要区别在于结果管理和过程管理，在本书中已有专门章节进行阐释，此处不再赘述。

5. 行业趋势与企业战略

企业与行业趋势之间关系的分析，无疑是企业务虚内容探讨的基础所在，可以厘清企业将会受到的行业影响，能够为企业指明发展的基本方向。行业趋势与企业的关系无外乎行业的上行、下行与企业战略扩张、收缩之间的关系。在本书中已有专门章节进行阐释，此处不再赘述。

从以上的盘点中我们可以看出，务虚工作不仅对务实工作有指导意义，甚至务实工作中的各项安排是必须与务虚工作所得出的相关结论和策略进行配套的。当务虚工作所指明的方向和务实工作中的制度、办法、指标等相统一的时候，我们就认为务虚工作对务实工作起到了一定的指导作用。

5.7.3 如何保证务虚工作的引导作用

如前所述，务虚工作的开展对务实工作是具有方向性的指导意义的。务虚工作所得出的各项结论，能够让企业经营者清楚应当采取如何的办法应对各项务实工作。因此，企业经营者应当至少在以下两个层面的工作中保证务虚工作对务实工作的有效引导。

1. 务实工作建立在务虚体系的完善上

在企业草创之初即应明确企业使命、企业价值观、团队文化建设方向、企业管理模式选择等内容，如这些内容在企业草创之初未曾建立，则应当在之后的经营过程中补充建立，并以此形成企业发展的总体方向性规划，有利于对各项具体工作的开展进行参考和评判。

2. 重大事项须清晰务虚层面诉求

在重大事项上，有必要在实际工作开始之前开展务虚工作会议。务虚工作会议的意义在于：务实工作的开展涉及极为繁琐的工作事项和极为频繁的内部沟通，因此需要首先确立目标、给予团队指导思路，使团队能够在企业的总体策略下开展相关工作。

5.7.4 务虚工作对务实工作的指导技巧

在具体工作中，不少企业经营者不能将务虚工作和务实工作有效结合起来，形成"务虚说一套，务实做一套"的工作方式，不仅浪费了处理务虚工作的精力，也容易在企业内部造成管理价值观、管理方法论的混乱。因此，务虚工作对务实工作的指导技巧就非常重要，有以下几个要点。

1. 务虚讨论基于务实信息

务虚层面的讨论应当基于务实工作的开展情况，结合实操经营中所反应的问题，对务虚层面的指导方针予以一定程度的修正。此外，务虚层面的讨论需要定期的开展。

2. 务虚结论为标准而非指令

务虚层面所得到的结论为参考标准，但不可理解为对各项事务的指令。事实上各项事务有其特殊性，并非务虚层面得到的结论所能完全覆盖和解决的。关于务虚工作如何深入务实工作中进行指导，具体内容详见下一条。

3. 务虚结论应转化为务实机制

务虚层面讨论所得到的结论，应当被提炼并具化为各种考核指标、管理制度和操作办法，从而更直观、更深入地实现对团队的指导作用。

4. 务虚结论需要宣贯

务虚层面所得到的目标、标准、决策，需要通过宣贯工作使其得到团队的全面了解和认可，唯有在团队对相关务虚层面的结论有深度认可的情况下，务虚工作映射到务实工作层面所产生的各项指标、制度和办法中才能够得到实施的认知基础。

5. 务虚结论不能在务实工作中被质疑

务实工作一旦开展，即应受到务虚工作所得出的各种标准和决策的指导，不应在务实工作开展过程中讨论相关目标、标准和决策的合理性。对各种务虚工作探讨所得结论的相关修正意见应被企业经营者集中于下一轮的专项务虚会议的讨论中，不应在务实层面的会议中进行讨论，以此维护企业方向性决策的一贯性和权威性。

5.7.5　务虚务实工作的结合要点总结

有关务虚工作和务实工作的结合，本节主要强调了以下几个问题。

- 务虚工作对务实工作有对应的指导关系，但需要理解的是其并非是指令关系；
- 如不能在务实工作开展前，作好务虚层面的方针探讨与决策，则可能提升事务的管理难度，增大事务的管理工作量；
- 务虚工作所得出的结论应当被反馈到相应的目标、考核、标准上，才能更好地指导务实工作的开展；
- 务虚工作与务实工作的结合，是以宣贯工为纽带的；
- 在务实工作开展过程中不应该再讨论务虚决策的合理性，而务虚决策的探讨却必须结合实际的务实工作反馈来进行。

5.8 权责空白领域的管理

5.8.1 实例故事：被踢皮球的“三不管”问题

孙诚是一家小型物流公司的负责人，近几年来，孙诚的公司凭借成本优势实现了较为迅速的发展，并成为当地数家龙头企业的指定物流单位。看似顺风顺水的孙诚却有自己的苦恼：公司发展壮大之后，出现的问题越来越多，而且这些问题非常特殊、非常棘手。

孙诚面临的问题是：由于公司的制度设计和部门架构比较粗放，在公司经营中涌现出的一些问题没有相对应的负责人或者制度进行解决。就以客户投诉为例，由于孙诚本身并没有设置售后部门，客户的投诉信息既不属于车队管理，也不属于业务员管理，客户的投诉被不断地踢皮球，最后弄得不可收拾。甲方在愤怒之余向孙诚发送了一封律师函，孙诚见到律师函后才发现问题的严重性，一边准备马上安排人应对诉讼，一边准备进行甲方的安抚工作。然而孙诚的公司既没有法务部门，也没有公关部门，各个部门的负责人也纷纷表态，这事情不该由自己管，火冒三丈的孙诚不得不亲自处理和甲方的公关工作，并咨询律师如果甲方坚持诉讼，自己应当作何处理。

为此，孙诚后来专门在公司里召开了大会，批评了下属不负责任的行为，然而下属却觉得很冤枉，抱怨不断，还说“像我们这样规模的公司就没法处理投诉”。孙诚的会议不仅没有解决问题，还起到了反作用。

所谓“三不管”问题，就是指没有指定责任人管理、没有相应的制度进行管理、没有意识到需要进行管理的事务。中小微企业的组织结构因规模所限，一般比较粗放，没有如大型企业一般有风控、法务、审计等部门，因此“三不管”事务的出现也就自然相对常见。

5.8.2 “三不管”问题的评估

“三不管”问题的解决，其难点在于在缺乏相关组织架构的情况下，对未纳入管理机制的问题进行管理。企业经营者常常在“三不管”问题的解决上陷入困境：如果不对“三不管”问题进行管理，就有可能成为企业的隐患甚至是风险；如果对“三不管”问题进行管理，又往往涉及管理精力有限、管理成本过高的问题。

因此，解决“三不管”问题的关键在于对“三不管”问题的评估，企业经营者可通过以下几方面的问题来评估“三不管”问题的严重性、解决成本和解决收益。

1. 问题严重性评估

企业经营者需要考虑目前出现的“三不管”问题是否严重到影响经营或对企业构成重大隐患？其最基础的评判标准是，问题的存在是否可能使企业突破资金、业务量和团队稳定的三条红线？（详见之前章节）如果是，则企业有必要对“三不管”问题进行高度关注并给出相应的解决办法，如果不是，则参考下一条中的几方面问题。

2. 问题解决成本评估

由于“三不管”问题缺乏明确的管理责任人和管理预算，因此要将“三不管”问题纳入企业管理，无疑将使企业支付额外的管理成本。企业经营者需要评估如解决“三不管”问题，会产生多少的额外人力投入和额外资金投入。

3. 问题解决收益评估

企业经营者不仅需要评估解决问题的人力投入是否影响企业的正常经营，也需要评估解决问题所需的支出额度是否合理，企业能否负担。如能负担，解决问题所得到的管理收益又是否大于解决问题所需的人力资源和资金支出?

在企业经营者细致考虑了“三不管”问题的严重性、解决成本和解决收益后，就可以判断“三不管”问题是否需要纳入到管理体系中来，是否需要开展专项部署解决“三不管”问题。

5.8.3 “三不管”问题的发现——列举法

发现管理中的“三不管”问题，能够帮助企业有效地梳理企业管理中的空白地带，从而通过合理的安排，扩大企业管理的可控制范围。然而，由于许多企业经营者缺乏管理经验（尤其是全面管理经验），因此其往往不能意识到“三不管”问题的出现，使问题的危害性和持续性大大提升。

企业管理中的“三不管”问题，可以通过列表法和记录法进行梳理。

所谓列表法，即通过全面的、普适性的管理列表，厘清企业现有职能部门是否对相关事务进行了有效的管理，并找到缺乏管理的部分。具体可参照表5.9。

表5.9 企业事务管理列举参照表

类别	项目	现有负责人（填写姓名）	现有配套制度（填写制度名称）
人力资源	人员招聘		
	员工定薪		
	员工岗位定级		
	薪酬支出计算		
	人事制度设计		
内勤管理	考勤管理		
	办公室保洁		
	办公用品采购		
	办公费用缴纳（办公室租金、水电等）		
	公章及证照管理		
	行政制度设计		
	办公室装修装饰		

续表

类别	项目	现有负责人（填写姓名）	现有配套制度（填写制度名称）
财务	周期性财务计划制订		
	费用报销		
	费用借支		
	薪资及股权分红发放		
	财务流水记录		
	会计记账及报税		
	银行对账		
	发票开具、作废等		
	信贷融资		
部门管理	部门KPI制定		
	部门人力资源计划		
	部门员工能力评估		
	部门员工升降职、加减薪		
	部门事务推进周期表		
	部门制度设计		
	部门会议召集及主持		
	部门决策		
法务	协议草拟		
	协议审核		
	纠纷诉讼及相关仲裁办理		
风控合规	项目承揽标准流程		
	款项催收		
采购	供应商收集及筛选		
	供应商谈判及招标		
	供应商结款费用申请		

5.8.4 “三不管”问题的发现——记录法

记录法是对于列表法的有效补充，列表法仅能列举企业管理中的一般性事务，然而在企业管理的实操过程中，会有各种超出预计的管理问题出现。新出现的管理问题一般也具有“三不管”问题的特征，因此需要制定

对新问题的记录机制，以便于全面地掌握企业的运转情况，并对各种预计之外的问题进行安排和处理。记录法的实施需要注意以下几方面要点。

1. 针对临时性管理问题的记录者

临时性管理问题记录者的首选为各个部门的负责人，由于他们直接管理各部门的具体事务，对事务操作过程中出现的难以处理的问题情况较为了解，因此可由各个部门负责人作为临时性问题的第一记录者。

2. 部门问题汇总

各部门负责人发现的临时性问题应向企业经营层进行汇总，在汇总的过程中，企业会对问题进行二次记录。二次记录的负责人可为企业的机要秘书、总经理助理等辅助性岗位，在企业未设经营层辅助性岗位的情况下，则由企业经营者直接进行记录。

临时性管理问题的发现，一般不是经常发生的事件，因此没有必要制定定期收集的制度。但企业仍然需要告知各个经理人其重要性，从经理人的责任追究机制上做文章，促使经理人首先能够在自有职权内解决问题，其次如不能解决则需要及时将问题情况反映到企业经营层。

3. 临时性管理问题的反馈和讨论机制

专项会议有明确的议题，不宜讨论临时性的管理问题，而例会能够周期性地举办，且其主要目的是解决当下的各种项目事务和管理事务，因此临时性管理问题的反馈和讨论可以直接安排在企业例会中。

5.8.5 如何规避“三不管”问题的出现

“三不管”问题的出现是两方面的问题，第一方面是企业的制度建设与团队建设还不成熟，有较多游离于现行制度和责任人负责范围之外的事务，这一部分在以上内容中已经有所分析；第二方面则是企业的团队缺乏勇于担当、主动承担的氛围。在“三不管”问题的规避上，企业需要重点在第二方面做文章。

事实上，任何企业无论其制度和团队的完备性有多强，都有可能出现游离于现行制度和责任人职责范围之外的事务和问题。但如果企业团队能够有足够的责任感和主动性，能够主动处理在工作中出现的各种问题，则能够将大部分临时性的游离事务解决掉，使其不至于成为“三不管”问题。

需要强调的是，游离于现行制度和责任人职责范围之外的事务并不一定是“三不管”问题，还包括游离且缺乏各层级员工主动担纲的企业长期存在的遗留问题。因此，企业“三不管”问题的多少，与团队的工作习惯和团队氛围有很大的关系。从源头上围堵“三不管”问题的办法包括以下几种。

1. 结合目标考核进行问责

避免员工在工作中推诿暂时游离于体系职责之外的工作，最为有效的办法是进行结果管理，使员工能够积极发挥能动性处理各项事务以达成目标。如进行过程管理，则可能由于各项工作方式方法的决策权多集中于管理层，容易造成下层将难以处理的、游离于体系之外的事务的相关分析和决策推诿给上层，逐渐导致“三不管”问题的形成。

因此，企业应当对各个项目制定明确的目标，并指定相关责任人对目标达成的结果负责，在目标达成过程中出现的各种事项，企业应鼓励和督促相关责任人自行处理，以免过多的管理压力回流导致“三不管”问题的出现。

2. 建立积极主动的团队氛围

企业应当在企业内部建立起勇于承担责任、积极解决问题的企业氛围。首先，企业应当从奖励和究责机制上形成模式，提高对主动解决问题的员工的奖励，员工主动解决问题出现错误或损失的，企业应在肯定其积极态度的同时进行相对应的处理工作，处理可从轻。其次，企业应当强调企业经营的良好结果将惠及团队，企业经营的不良结果也将损害团队，让团队理解更多的承担最终能够惠及员工自身。最后，企业应当通过树立正面典型和反面典型的方式突出对于员工积极承担事务的重视和鼓励。

5.8.6 本节要点总结

有关“三不管”问题的发现和解决，本节主要强调了以下几个问题。

- “三不管”问题指的是当前缺乏责任人、制度及意识纳入管理的事务；
- “三不管”问题的发现可通过记录法和列举法进行解决；
- 企业经营者需要评估“三不管”问题的严重性、解决成本和解决收益并依此判断是否需要对其进行解决；
- 良好的团队工作习惯和企业氛围能够有效避免“三不管”问题的出现。

5.9 企业经营的战略扩张与收缩

5.9.1 实例故事：扩张并非那么容易

刘晓林经营自己的网络推广公司已有多年，网络行业的不断发展和变化，使得刘晓林主营的论坛水军业务受到一定冲击，发帖业务明显的下滑让公司的盈利也不断跌破新低，刘晓林为此感到十分头疼。和许多同行一样，刘晓林关注到了视频网站的高流量，某视频网站运营商找到了刘晓林，让他代理视频网站的业务，刘晓林对此很感兴趣，按约缴纳了不菲的代理费用之后开始进行相关的经营。然而，视频网站业务利润低，完全靠成单数量的积累，刘晓林的公司规模小且都是技术人员，缺乏开展大规模销售的能力，在进行了一段时间的视频网站广告业务代理后，刘晓林不仅基本没有新的业务，更因为频繁安排技术人员开展销售工作，影响到了正常的网站建设和论坛发帖业务。

因此，刘晓林认为自己的团队太小，需要扩大团队的规模，于是开始进行招聘工作，希望能够募集到一批优秀的销售人才。在历经长达两个月左右的招聘期后，刘晓林的销售团队逐渐成型，视频网站广告代理的业务也开始有了起色。然而刘晓林却开始面临青黄不接的窘境：一方面，现有业务正在萎缩，新的业务又没有获得足够的利润；另一方面，团队支出的增加让刘晓林不堪重负，账面开始出现亏损。

在此情况下，刘晓林不得不逐渐对团队进行精简，他减少了负责论坛发帖方面的工作人员，对新的销售团队也进行了优化。然而团队精简后，现有的论坛发帖业务又开始显得人手不足，这让刘晓林彻底没了主意。

企业的经营，一方面受到企业团队经营能力的影响，另一方面也受到宏观经济的影响。首先，宏观经济的增长和衰退有一定的周期，宏观经济环境的增长往往带来多个行业的普遍发展，而宏观经济环境的萎缩，可能影响到除金融信贷等个别行业外的大部分行业，作为经济单元，企业很难不受宏观经济形势增长与衰退周期的影响。其次，行业自身也有生命周期，当行业处于夕阳期，则可能会导致行业内企业整体经营情况的急剧下滑。这些问题的出现就需要企业经营者根据公司情况进行有效的应对。

因此，企业经营者需要清醒地认识到经济环境和行业迭代对企业造成的较大冲击，通过把握经济增长周期规律，合理地进行企业的战略扩张和战略收缩，以期在经济增长或行业景气时把握更多机会，谋求更快发展，在不景气时提升企业的生存能力。除此之外，战略扩张与收缩往往也与企业在当前阶段的资金状况和发展规划有一定关系。

5.9.2 什么是企业的战略扩张

B2B类型企业的战略扩张，包括业务类型的扩张、团队的扩张和宣传的扩张。业务类型的扩张包括相近行业的扩张和相异行业的扩张。

1. 相近行业的扩张

相近行业的扩张指的是企业将相近行业纳入业务范畴。事实上，市场细分程度的提高并不一定加深了相近行业的壁垒。举例而言，如广告和营销、空间设计和装修装饰、宣传片制作和影视制作，相互之间并不存在不可逾越的行业壁垒，甚至存在行业的资深团队可以同时精通的情况。在此情况下，企业可根据市场的发展趋势，扩张业务类型，涵盖相近行业，以此提升企业的业务量和盈利面。

2. 相异行业的扩张

相异行业的扩张，则是指企业将其他异业纳入经营范畴。由于B2B类型行业多以团队为核心资源，扩展B2B业务类型的成本耗费较小，因此可以快速搭建起应对全新业务类型的班子。此外，作为B2B类型行业而言，往往会深度服务多种类型的客户企业，对其他不同行业的经营方式通常有所了解，因此不少B2B类型行业在资金和团队得到一定程度的积累后，会转向B2C类型行业的经营。

3. 团队的扩张

团队的扩张即团队规模的扩张和团队水平的提升。在企业发展到一定程度后，口碑效应在业内已经形成溢价，更大的团队规模和更高的团队水平不仅可以强化团队的消化能力，也能够改善既有客户和新客户对于企业的观感，进一步提升企业服务的议价能力。

4. 宣传的扩张

宣传的扩张指的是企业扩大宣传力度以争取更大的市场份额和更好的客户口碑，促进更大规模地开展业务承揽工作。

5.9.3 企业战略扩张的一般条件

企业的战略扩张意味着企业经营规模的加大，而经营规模的加大往往意味着企业经营风险的提升，因此企业需要审时度势，在确认企业有足够的风险承受能力和充分的扩张条件后，逐步进行稳健的扩张工作。

一般而言，企业战略扩张需要满足的相关条件包括以下几个方面。

1. 企业有较为充裕的存量资金

企业的战略扩张需要资金的支持，业务量的扩张可能意味着更多的项目款项垫支，业务类型的扩张可能涉及新的设备、人员、推广费用的增加以及试错成本的增加，团队的扩张将带来劳务薪酬支出的增长。因此，如无充裕的存量资金，企业可能会由于扩张而导致资金链的断裂。

2. 企业有富余的管理能力

富余的管理能力是指，企业的管理人员、基本制度完善程度，在消化现有业务之外还有较多富余，能够消化额外业务及支持团队管理。否则，新类型业务的启动和团队的扩张招募，都有可能导致企业由于管理能力不足，导致管理的全面混乱。

新类型业务的扩展需要基本的技术储备及客户储备，新类型业务的扩张，不仅需要考虑销售问题，售后的业务消化更是企业在新的业务领域能否立足的关键所在，因此企业需要在业务类型扩张前充分评估自身的技术储备和客户储备。需要注意的是，经营类型扩张至相近行业固然相对较为容易，但企业也需要对相近行业作全面的了解和评估，并预估现有客户是否能转化一部分至新的业务领域。

5.9.4 什么是企业的战略收缩

战略收缩是指企业通过各种手段缩小企业的经营规模，其目的可能有两种：其一，应对不景气的经济环境、行业环境或企业现状，提升企业在危机下的生存能力；其二，企业放弃非核心业务，聚焦经营范畴，以求市场对企业形成更为清晰专业的认知，并提升企业的议价能力。此种目的在之前章节（业务经营的聚焦）已有说明，此处不再赘述。

企业的战略收缩包括业务类型的收缩、业务规模的收缩、业务团队的收缩。

1. 业务类型的收缩

企业缩小业务类型，除经营范畴的聚焦外，还可能是由于企业在面临经济氛围、行业环境不景气的情况下对企业团队费效比的保障，企业在面临经济危机或行业冬天时，往往采取剥离低利润业务类型的形式以确保企业的生存。

2. 业务规模的收缩

企业主动缩小业务规模，主要出现在垫资情况较为严重和普遍的行业。由于此类型行业中的企业往往需要垫付大量款项才能承接业务，因此在企业资金链紧张时，往往采取缩小业务规模的形式保证企业不触及企业的经营资金红线（见之前章节）。此外，如企业需要保证业务的利润率，采取剥离一部分低利润率的业务的方式以保证业务的费效比和企业的议价能力，这也会出现主动缩小业务规模的情况。

3. 业务团队的收缩

多是由于资金链紧张或业务类型、业务规模收缩后引发的连锁反应。

企业在面临行业不景气环境时，往往通过收缩现有的业务团队来谋求转型或提升企业的持续生存能力。

5.9.5　企业战略收缩的一般前提

企业战略收缩在某种程度上就是对危机的应对策略，然而企业战略收缩也有一般的前提，盲目收缩和盲目扩张都可能会导致企业的危机。企业战略收缩的一般前提包括以下几点。

1. 企业预计面临严重的经营危机

当企业面临经济下行、行业不景气或资金红线即将被突破、预估未来相当长时间内无法通过现有业务获得足以支撑企业发展的盈利水平的情况时，即可考虑通过战略收缩的形式达成企业生存能力提升、低收益业务剥离、企业经营转型三种目的中的一种或多种。需要注意的是，企业主需要明确目前面临的经营危机是短期内不可逆转的，否则应当通过经营优化而非战略收缩的形式应对问题。

2. 企业存在经营冗员或经营冗事

经营冗员是指，企业的团队体量远远大于所需消化的业务体量，造成经营成本的浪费。经营冗事是指，企业有较多盈利空间不足的业务。当存在经营冗员和经营冗事时，企业需要通过调整性的战略收缩对多余的人员和业务进行剥离。需要注意的是，这里指的冗员不包含企业应有的储备人才，冗事不包含能够显著提升管理费效比的内部业务。

5.9.6　战略收缩与战略扩张的辩证依存

战略收缩与战略扩张之间的关系不一定是非此即彼、相互排斥的。在许多情况下，企业会有针对性地同时进行战略扩张和战略收缩工作，两者在企业的发展中呈辩证依存的关系。一般而言，战略收缩与战略扩张的同时发生主要是由于企业经营重心的逐渐转移，导致部分业务需要进行弱化或剥离、强化或扩张，因此企业将采取局部扩张与局部收缩两手同时开展的方式来完成企业经营模式的调整。在调整过程中，需要考虑到以下几方面。

1. 类型业务规模的大小

利润率的高低不一定决定了盈利额的高低。简单而言，企业某一类型业务的盈利额可以理解为：

类型业务的盈利额=类型利润率×类型业务规模

也就是说，每一类型业务的盈利额都受到类型业务的规模与利润率两方面的影响，如果某一类业务无论其利润率高低，都因受限于体量发展潜力有限而不能为企业带来足够的盈利额，则企业自然应当将主要精力放在发展预期利润额更高的类型业务方面。

2. 业务费效比的高低

除利润额外，还需要考虑到的是业务的费效比。所谓业务的费效比，指的是管理业务所消耗的管理精力、资金成本与业务收益之间的比值。简单来说，在收益一定的情况下，项目的人员投入、成本投入越多，费效比越高，对企业越不利。因此企业需要通过对业务的调整，降低业务消化所需的费效比。

另外，费效比在一定程度上和利润率呈反相关关系，利润率越高的项目，往往费效比相对较低。采取费效比而非利润率作为业务扩张或收缩的调整标准的原因在于，利润率只反映了业务的盈利比率，并不能够体现包括管理、人力在内的企业综合消耗，因此不如费效比的指标参考体现得更加全面。

3. 不同类型业务的发展趋势

当今社会的技术迭代极为迅速，因此分析企业可以经营的不同类型业务在未来的发展趋势如何就显得非常必要，企业需要提前把握发展更有潜力的业务类型，逐渐剥离将被淘汰的业务类型。

5.9.7 战略扩张与战略收缩要点总结

关于企业的战略扩张与收缩，本节主要强调了以下几个问题。

- 企业需要根据自身情况和行业趋势判断企业是否需要进行战略扩张或收缩；
- 战略扩张和战略收缩往往是辩证依存的关系，尤其在企业发展转型、升级时期，两者有相当大的概率同时存在；
- 企业的战略扩张需要基于行业发展趋势好、资金充分和管理能力富余的情况之上；
- 企业的战略收缩需要基于企业对目前业务量和消化能力的判断，以及对行业趋势的判断。

5.10 新老员工的协调与安排办法

5.10.1 实例故事：难以调和的新老员工矛盾

陈石的公司创办至今已经有七年左右的时间了，并且也取得了不俗的经营成绩。然而，业务规模的扩大使得陈石的公司有些应对乏力，公司的不少老员工虽然已经在陈石的公司内有超过5年的资历，但其能力和综合素质都不能够应对千变万化的市场环境和日益复杂的客户需求。

陈石对此也感到很遗憾，这些老员工跟随自己创业多年，在许多艰难的情况下依然坚守岗位，没有放弃公司，这让他很感动。但另一方面，由于陈石创业早期资金匮乏，无法高薪招募受教育程度较高的员工，使得现在公司里留存的老员工都是一些“粗人”，在职业素养上有较大的缺陷。陈石一方面感慨于这些老员工当年的鼎力支持，另一方面又有些“恨铁不成钢”。

如今陈石公司的盈利能力已经相当可观，陈石也准备延请一批高学历的人才参与到团队管理中，通过多方物色，陈石找到了自己的“千里马”们，并把他们安排在公司的各个管理岗位。然而这些“千里马”的任用却立刻引起了公司老员工的反感，老员工认为自己在公司供职已久，公司却从未提供过晋升机会，加薪幅度也比较小，陈石一次性招募了数名管理人员进来，堵死了老员工的升职期望不说，更给这些管理人员极高的薪水，看来还是“外来的和尚会念经”。

公司在创建之初，由于综合实力不足，很难对早期员工支付较高的薪水，而相当部分的员工技能水平、受教育程度不高，所以薪酬有限，但随着与公司的共同发展，他们逐渐成为公司的骨干力量。在公司发展到一定程度后，经营者为提升经营水平往往需要招聘综合能力更强的员工，新老员工之间的矛盾往往也由此形成。

5.10.2　新老员工的矛盾集中点

新老员工的矛盾爆发点是多种多样的，但是其矛盾主要集中在以下几点。

1. 话语权矛盾

话语权矛盾的产生可能存在两种情况，第一是新引入的管理层员工由于受到企业经营者的重视，拥有高于老员工的话语权，但其话语权和其企业贡献并不匹配，由此可能引发新老员工之间的矛盾；第二是由于老员工在企业中已经形成一定的影响力，因此在实际工作中老员工在中层及基层拥有与其能力不匹配的较高话语权，而拥有更高技能或职级的新员工反而话语权较低，由此也可能引发新老员工之间的矛盾。

2. 薪资差异矛盾

薪资差异是最容易引发新老员工之间矛盾的问题之一，也存在两种情况。第一是由于企业薪酬支付能力的变化，如果发生新员工薪资明显高于老员工的情况，就极容易引发老员工的不满；第二是企业对资历和忠诚度过于看重，把老员工视为企业功臣，对其提供较高的薪酬待遇，把新员工视作可以替换的非核心劳动力，尽量压低其薪酬待遇，在此种情况下，企业容易出现企业文化氛围的僵化和行政效率的低下。

3. 职级矛盾

职级差异问题和薪资差异问题一样，都是较容易引发新老员工之间矛盾的问题之一。一般而言，企业在引入新管理层的情况下，会造成新员工职级高于老员工，但在相当长一段时间内，新员工的企业贡献实际会不如老员工。这就容易造成老员工群体心态失衡，引发其和新员工之间的冲突。

4. 忠诚度矛盾

老员工一般对企业有较深的忠诚度，而新员工对企业的忠诚度一般不高，老员工往往以自己的忠诚度作为标准对新员工进行评判，容易由此发生矛盾，使新员工对企业的认同度进一步下降。

5. 技能水平矛盾

老员工在企业基层工作方面拥有较高的工资资历，也培养了适应公司现状的技能，但一般而言，由于企业在招募早期员工时由于资金紧张，往往会招聘起点较低的员工，因此在老员工当中普遍存在文化程度不高、眼界思维不够开阔等问题。而企业引入的新员工，由于企业的薪酬支付能力在此阶段已经得到了显著的提升，匹配的较高薪酬新员工往往有更为良好的职业经历和更为全面的职业素养，但其技能不一定与企业现有的工作相匹配。新老员工之间技能类型和技能水平的差异，容易造成彼此工作协作

不调，对对方的工作能力有所置疑，从而引发矛盾。

6. 工作习惯矛盾

老员工习惯了企业既有的工作节奏和氛围，在一定程度上熟悉企业各种事务的推进方式，但也可能存在惯性思维强、故步自封的问题。新员工拥有其他企业的工作经验，能够为企业带来一部分全新的工作方式，但在缺乏对企业的组织架构、运转方式充分了解的情况下，容易对企业和团队作出不切实际的判断和要求。因此新老员工之间因为工作习惯的不同造成双方出现矛盾的情况也较为常见。

5.10.3 双重标准是引发新老员工矛盾的根源

应对新老员工之间的各种不平衡，其核心的解决之道在于机制公平。所谓机制公平，即建立起综合能力、贡献、资历等要素在内的职级薪酬机制，让员工薪资的多少、职级的高低、话语权的轻重能够“有法可依”，严格避免企业对新老员工的职级薪酬评定采用双重标准。

事实上，双重标准正是各种新老员工内部矛盾的根源和导火索。双重标准体现在以下几个方面。

1. 能力双标

在引入新员工时，重视新员工的能力并对其给予高薪，同时因认为老员工较为稳定，所以不给予与其能力相匹配的薪资；或认为老员工对企业贡献大，对其给予高职高薪，但当新晋员工为企业作出贡献时，认为其资历较浅、不稳定或不属于企业核心员工，所以不给予与其贡献相匹配的薪资。

2. 晋升双标

愿意对能力较强的新员工给予高薪高职，而不考虑老员工在达到同等能力水平后的职级晋升和薪资上调。

3. 话语双标

重视新员工在其他企业的优秀经历，愿意听取并采纳其意见，而对于老员工的意见选择性无视；或对新员工的优异表现大加赞赏，而对老员工的优异表现视作平常。

5.10.4　如何建立起相对公平的人事机制

由此可见，新老员工之间的大部分矛盾主要来自于企业对待员工的双重标准，而非新老员工之间有天然的矛盾。对于如何建立起相对公平且可以减少新老员工之间矛盾的人事机制的办法，主要有以下几种。

1. 建立起以结果评估能力的员工定岗定级机制

如企业引入新员工，在员工发挥出企业预期的能力之前，不能按照企业对该员工的预期给付薪酬。也就是说，即便企业想给予新员工高薪，也应当建立在新员工确实在工作中表现出相应能力并为企业带来符合预期的价值产出基础上。对于新员工的引进，应当将其大部分薪资与相关考核挂钩，如考核不能满足，则不能按照企业之前的预期对其进行薪酬发放和职务定级；如新员工通过相关考核，则说明新员工在企业内已经表现出了足以服众的能力，在现有薪酬和职级体系下给予其高薪酬和岗位级别则一般不会导致老员工的反对。

2. 实现新老员工薪酬同体系化

如必须给予新员工超出现有薪酬规范的薪酬，那么固有的薪酬体系就会被打破，企业则需要重新制定合理的、能够兼顾到新老员工情绪和利益的全新薪酬方案，以保证企业内部的平衡。需要注意的是，企业的运转效率是建立在企业的内部平衡基础上的，因此，企业不仅需要考虑到较高能

力水平人才的薪酬需求，也需要考虑到其薪酬需求是否会打破企业现有的薪酬制度。如果打破，企业则需要重新对薪酬制度进行制定以达成内部平衡，这是需要企业增加相当成本且又十分必要的决策。因此，在引入高薪员工时，企业需要考虑到引入高薪员工带来的额外成本。

3. 需要考虑员工在企业内长时间任职的奖励

员工在企业内较长的任职时间，通常不意味着其具有更为突出的能力，并且员工的贡献也已经从正常的薪资体系中获得奖励。但员工在长时间内能够符合企业考核标准的同时选择长期留在企业，不仅能够说明企业本身具有一定的吸引力，更能够为新晋员工树立典范，并增进其对于企业的信赖感。因此，企业可考虑以荣誉奖励或奖金的形式，对老资历员工进行公开的表彰。

5.10.5 高薪引入新人才的前提

在企业实操中，企业经营者由于企业实力的上升和业务规模的扩大，对优秀人才尤其是管理型人才的需求非常迫切。然而需要注意到的是，对新员工的高薪引入应当建立在以下几个前提上。

1. 企业应存在亟待解决的紧急问题

企业有必须引入人才才能够消化的、较为紧急的业务。如没有，则参考以下条目。

2. 企业应有明确晋升机制和薪酬提升机制

企业有明确清晰的员工晋升机制和薪酬提升机制，能够让老员工有可预期的上升通道和上升空间。若无，则新的高薪高职员工的引入会招致老员工的不满。

3. 企业应有培养性质的技能培训

企业应当设立有定期学习和专项培训的机制，帮助员工实现能力提升，以期在现有员工团队中培养和选拔出优秀人员担纲更为重要的岗位。

如果在以上条件得到满足，而且企业仍不能从现有团队中选拔出适合担纲相关岗位的人才时，则需考虑以高薪进行新员工的招募。

从表面上讲，企业和员工之间是雇佣关系，然而从根本上讲，员工和企业之间是相互依存的关系，员工有义务为企业作出贡献，企业也有义务为员工提供职业发展的空间和通道。如果不考虑企业和现有团队之间的本质联系，仅考虑企业发展对人才的需求，对此关系无疑是一种破坏，不利于企业的长期发展。

5.10.6　本节要点总结

有关新老员工的矛盾解决，本节主要强调了以下几个问题。

- 新老员工矛盾的根源是企业对其实行双重标准；
- 企业需要建立起相对公平的人事机制，将新老员工纳入同一薪酬体系，并依据工作结果对其能力进行评估（以此确定职级和薪酬）；
- 企业对高薪人才的引入，必须建立在企业其他员工享有合理的提高、晋升通道的前提下。

第6章

本书小结

本书所希望表达的，是在风险较大、盈利空间有限、客户依赖性较强的中小微B2B类型企业中如何实现规范有效的管理，并能够根据其实际情况，对管理中出现的问题进行权衡和取舍。在之前的章节中，我们主要讲述了以下几方面内容。

6.1 创业前期应作详尽的调研和全面的筹备

6.1.1 通过调研和分析选择创业环境

在创业开始之前，创业者应当首先分析自己的创业项目在目标区域是否有足够的成长空间，其中包括对经济环境、硬件设施、人才源头等多个维度的考量，同时，竞争的激烈程度与市场的开发程度也是需要着重考虑的内容。

6.1.2 明确企业的经营范畴策略

创业者还需要考虑的是，企业应当追求专精于某一领域还是通过多领域的经营寻求更多的盈利空间，唯有确定企业的经营范围策略，经营者才能够在企业创办后有明确的努力方向。另外，在确定了企业的经营范围并调研了市场的竞争程度后，企业应明确自己在市场上的角色定位，并以此形成基础的经营策略。

6.1.3 审视基础商脉和基础开支

当然，经营策略的制定不是凭空而谈。作为对客户依赖程度较高的中小微B2B类型企业，其创业者还需要观察自己是否已经具备了维持“最小化”企业运营的基础商脉，从而降低创业风险、明晰创业规划。

6.2　以核心需求寻找合伙人，以人事计划统筹早期团队

6.2.1　谨慎评估合伙人价值和其价值真实性

合伙人的选择是否合理，不仅决定了企业的早期生存情况，更对企业的发展有长远的影响。因此企业经营者应当明确两点：其一，合伙人是否能够为企业带来真正需要的资源（包括资金、技术等）；其二，合伙人是否有兑现承诺的能力和决心。

6.2.2　形成长效可持续的分配机制

此外，与合伙人的分配形式是在此阶段需要着重考虑的问题。合伙人持有的股权比例、合伙人享有的分红比例、合伙人所拥有的权利如何、合伙人所承担的责任如何，都是可能对后期经营产生重大影响的问题。因此本书建议红利与权责挂钩，实施固定股权、浮动分红的分配办法，一方面明确合伙人的法律权益，另一方面兼顾企业经营的变化性和分配的公平性。

6.2.3　结合业务规模预期建设团队

团队的搭建首先需要考虑的是企业现有业务能否得到支撑，企业经营者应当根据企业的实际业务情况分析是否需要组建早期团队。如企业决定在本阶段组建早期团队，那么应当制订明确的人事计划以指导人力资源工作的开展。

6.2.4 建设合理的企业组织架构

当企业拥有了基础的团队，自然涉及组织架构的设计问题，企业首先应当建立基础的部门机制，而对于需要跨部门进行管理的项目，则需要通过合理的手段来保证项目的顺利推进。

6.3 客户拓展与业务开发

6.3.1 客户拓展工作要点

在企业拥有了基本的组织后，为维系企业的组织力及实现企业的持续经营，其盈利压力开始急剧增大，因而在此阶段客户拓展与业务开展工作将成为企业发展的重心。客户拓展工作的要点在于：首先，需要通过分析获得客户开发的方向，否则无法有重点、有效率地开展客户工作；其次，需要通过远远高于所需成交数量的客户接触量，以保证企业业务能够稳定维持在水平线上；最后，对于熟悉的客户，应当尽量促使其进行业务的转介。

6.3.2 圈层建设有利于形成稳定业务来源

圈层工作是客户拓展和维系的重点所在，业务拓展者需要根据自身的资源确定适合自己开发的圈层所在，并通过多种技巧获得在圈层中的话语权，以寻求圈层内外的有效合作。在此过程中，自身掌握资源较少的业务拓展者可抛弃“门户之见”，积极地整合资源并寻求从中获益的机会。

6.3.3　分析不同业务的价值能够提升企业效率

需要注意的是，不同业务对企业的价值也有所不同，在业务拓展过程中，企业经营者需要分析不同业务的价值所在，从而决定是否承揽、如何承揽。对于缺乏诚信、要求过于严苛的客户，为保证企业的安全和利益，应予以审慎的考虑，并对不符合企业利益的业务进行放弃。

6.3.4　员工介入客户工作需要形成有效机制

为避免客户压力过度集中于企业经营者层面。企业需要对业务的管理进行梳理，让员工能够介入客户沟通过程当中，但必须形成明确级别、沟通对等、权责匹配的相关机制，同时在重点客户的移交上需要提前进行审慎的思考。

6.4　全面制度建设与制度管理技巧

6.4.1　制度建设对管理压力只能起到疏导作用

在企业已经形成基本的组织力和具有一定规模的业务来源之后，由于具体事务的增多，企业经营者的管理压力开始明显提升，因此在本阶段根据企业的实际情况进行相对应的制度建设尤为关键。在制度建设之前企业经营者需要了解的是，制度建设并不能够让管理压力凭空消失，只能够让压力转移到企业的其他层面，因此制度建设对管理压力起到的更多是疏导和平衡作用，寄希望于通过制度建设减轻企业的整体管理压力是不现实的。

6.4.2 建立重视有效劳动的薪酬机制与KPI考核

薪酬制度和KPI绩效考核制度之间应当有高度的匹配关系，由此才能够通过KPI考核实现对员工的物质激励和惩罚。但需要注意的是，在我国的经营实操中，并非所有的薪酬都支付给员工所付出的有效劳动。因此KPI考核指标的制定需要紧密绑定员工的有效劳动成果，而在薪酬机制的建设过程当中也需要将多种不同目的的薪酬构成进行区别。

6.4.3 形成短期化、核心化的KPI绩效考核制度

在KPI绩效考核制度的制定上，应当把握两个要点：第一是只把握岗位的核心指标，避免考核指标过多；第二是KPI考核制度的制定、实现、反馈应当短期化、快速化，使KPI不仅能够起到对企业短期目标的支持作用，也可以提升KPI对于员工的刺激能力。

6.4.4 员工能力的数值化和可视化能够提升人员任用效率

企业经营者对员工的任用和安排，需要基于其对员工有较为全面深刻的能力认知，因此员工能力的数值化、可视化管理能够使企业对员工的任用安排更为方便有效。

6.4.5 良好的反馈是建立起事务有效控制的基础

企业的各项事务需要有明确的控制机制，即各项事务是否开展、由谁开展、开展情况如何等信息需要及时地进行收集和反馈，企业经营者需要随时以此掌握企业的实际运转情况，以避免各项事务的失控。

6.4.6　新制度和新项目需要采用两试法规避风险

在企业实行新制度和开展新项目时，为实现风险的可控化、避免制度或项目失败带来的大规模不良后果，建议采用试点、试错的形式，将新制度和新项目的开展先局限在某一范围内，当得到可执行的结论后再作全面的扩大和推广。

6.4.7　过程管理和结果管理不可并重

过程管理和结果管理是两种截然不同的管理思路，两者很难并重兼顾。结果管理能够有效降低管理层的管理压力，但在实施过程中可能由于员工行事不当带来风险；过程管理能够有效控制项目运营过程中的各种风险，但效率相对低下且增加了管理层的工作压力。总的来说，企业需向偏向结果管理的方向进行发展，但在其过程中，也可以通过管理技巧，对过程管理要结果，或在结果管理中实现有限度的过程管理。

6.5　企业经营管控实战技巧

6.5.1　企业需要规避法术化管理

企业的规范，终究需要制度化的管理，解决了生存问题的企业往往会陷入法术化管理的错误中，其根源在于许多企业经营者在企业获得一定的发展后，对于企业的各项工作开始缺乏钻研的热情，但是只有其保持对企业事务的高度关注和调研，才能保证企业在正常轨道上运转。

6.5.2 经营红线的管控能够有效保障企业生存力

如何尽可能地使企业立于不败之地是企业需要研究的重点，即要保证业务量、资金、团队这三个最容易产生风险的环节不出问题，我们将此称之为三条红线的管理。企业应当从自身情况出发，设置红线标准及应对机制。除此之外，企业应当建立“数据先行”的管理办法，定期汇总各项运营数据进行分析以作为决策参考，以此强化对企业经营的控制，有效降低企业经营的风险。

6.5.3 务实工作需要务虚工作的指导

在发展过程中，企业应当认识到务虚工作的重要性，并以此来指导具体的工作。企业目标、企业文化、价值观等务虚工作的建设虽不直接为企业带来经营收益，但如进行有力的宣贯，以务虚工作先行，结合会议机制、考核机制统筹各项事务，可以使团队明确经营的方向和具体事务的处理参考，从而起到事半功倍的作用。

6.5.4 劳动时间采购评估和商脉结构优化能够提升管理效率

在此阶段，冗杂的企业事务使企业经营者做好时间管理的难度增大，时间管理包括企业经营者的时间管理和团队一般员工的时间管理。企业经营者需要判断当前团队规模与业务量规模是否匹配，是否需要采购更多的劳动时间。在确保企业已经采购充足的劳动时间之后，可以通过经营目标和管理制度的优化降低时间管理的工作量，并对商脉结构进行优化，对无效的商脉维护工作进行剥离。在时间管理的工作中需要注意的是，对事务投入的时间有边际递减效应，因此企业应当设置合理的事务目标，避免大量精力耗费在管理效应的边际递减中。

6.5.5　企业应当杜绝对员工的双重标准

在企业的发展中，企业经营者还应当坚持统一的制度标准，以“效用为先、标准一致”的管理理念，杜绝双重标准在团队任用、薪酬、职级中的出现，从而使团队的结构更新和人员更新能够顺利进行。对于经营中出现的“三不管”事务，企业也应对其进行准确评估，并进行选择性解决。